Kathrin Baumhof, Kerstin Hölzl

Einfach besser in Deutsch
4. Schuljahr

MANZ VERLAG

Das Werk und seine Teile sind urheberrechtlich geschützt. Jede Nutzung in anderen als den gesetzlich zugelassenen Fällen bedarf der vorherigen schriftlichen Einwilligung des Verlages. Hinweis zu § 52a UrhG: Weder das Werk noch seine Teile dürfen ohne eine solche Einwilligung eingescannt und in ein Netzwerk gestellt werden. Dies gilt auch für Intranets von Schulen und sonstigen Bildungseinrichtungen.

Manz Verlag
© Klett Lernen und Wissen GmbH, Stuttgart 2008
Alle Rechte vorbehalten
Lektorat: Peter Süß, München
Herstellung: imprint, Zusmarshausen
Illustrationen: Rosanna Pradella, Ludwigsburg; Ulrike Bahl, Hamburg
Umschlagkonzept: KünkelLopka, Heidelberg
Umschlagfoto: Fotostudio Maurer, Bamberg
Druck: Finidr s.r.o., Český Těšín

ISBN 978-3-7863-1211-6

www.manz-verlag.de

Tipps zum Training mit diesem Buch

Mit diesem Buch **kannst du alle wichtigen Themen des Deutschunterrichts im 4. Schuljahr** trainieren. Es hilft dir nicht nur bei Problemen mit **Grammatik** und **Rechtschreibung**, sondern auch bei dem wichtigen Thema **Schreiben und genaues Lesen von Texten**. Außerdem lernst du, den richtigen **Wortschatz** einzusetzen und anzuwenden.

Durch das Inhaltsverzeichnis auf den folgenden beiden Seiten hast du **alle Themen** im Überblick. So kannst du dir ganz **gezielt** aussuchen, was du **üben** möchtest oder was du zur **Vorbereitung** auf deine nächste **Klassenarbeit** benötigst.

Jedes der 29 Kapitel hat nur zwei Seiten. Am Anfang jedes Kapitels erklärt dir ein Papagei, worum es geht. Die anschließenden **Aufgaben** sind **kurz, leicht zu verstehen** und sehr **abwechslungsreich**: Du kannst zum Beispiel Purzelwörter ordnen, Rätsel knacken, Wörter und Sätze schreiben oder einfach nur die richtige Antwort ankreuzen. Wenn du mit einer Übung fertig bist, kannst du deine Vorschläge mit dem **Lösungsteil** vergleichen.

Um zu erfahren, wie gut du bist, kannst du dein Wissen mit Hilfe von **6 Tests** (ab Seite 64) überprüfen. Die **Punktzahl**, die du erreichen kannst, ist bei jeder Aufgabe angegeben.
Lass dir bei der Auswertung von deinen Eltern helfen. Im Lösungsteil finden sie Musterlösungen und **Benotungsschlüssel**.

Wenn du die Tests zuerst machst, findest du schnell heraus, mit welchem Thema du noch Schwierigkeiten hast.

Das Buch soll dir dabei helfen, deine Deutschnote zu verbessern. Mit ein bisschen Übung wird dir das bestimmt gelingen.

Inhalt

1	Abwechslungsreiche Satzanfänge	6
2	Wörtliche Rede	8
3	Gefühle und Gedanken ausdrücken	10
4	Der Höhepunkt einer Geschichte	12
5	Groß- und Kleinschreibung	14
6	Zusammengesetzte Nomen	16
7	Wörter mit tz	18
8	Wörter mit ie	20
9	Wörter mit V und v	22
10	Wörter mit Dehnungs-h	24
11	Wörter mit Doppelvokal	26
12	Wörter mit s – ss – ß	28
13	Wörter mit x – ks – chs	30
14	Nomen bilden	32
15	Wortfamilie und Wortfeld	34
16	Wortarten	36
17	Neue Wörter bilden	38
18	Vergleiche mit Adjektiven	40
19	Präsens, Präteritum und Perfekt	42

20	Futur	44
21	Zeitangaben	46
22	Ortsangaben	48
23	Die vier Fälle des Nomens I	50
24	Die vier Fälle des Nomens II	52
25	Subjekt und Prädikat	54
26	Objekte im Dativ und im Akkusativ	56
27	Konjunktionen	58
28	Lesen üben I	60
29	Lesen üben II	62

Test 1 – zu den Kapiteln 1 bis 5	64
Test 2 – zu den Kapiteln 6 bis 10	66
Test 3 – zu den Kapiteln 11 bis 15	68
Test 4 – zu den Kapiteln 16 bis 20	70
Test 5 – zu den Kapiteln 21 bis 27	72
Test 6 – zu den Kapiteln 28 bis 29	74

Lösungen zu den Übungen	77
Lösungen zu den Tests	89

1 Abwechslungsreiche Satzanfänge

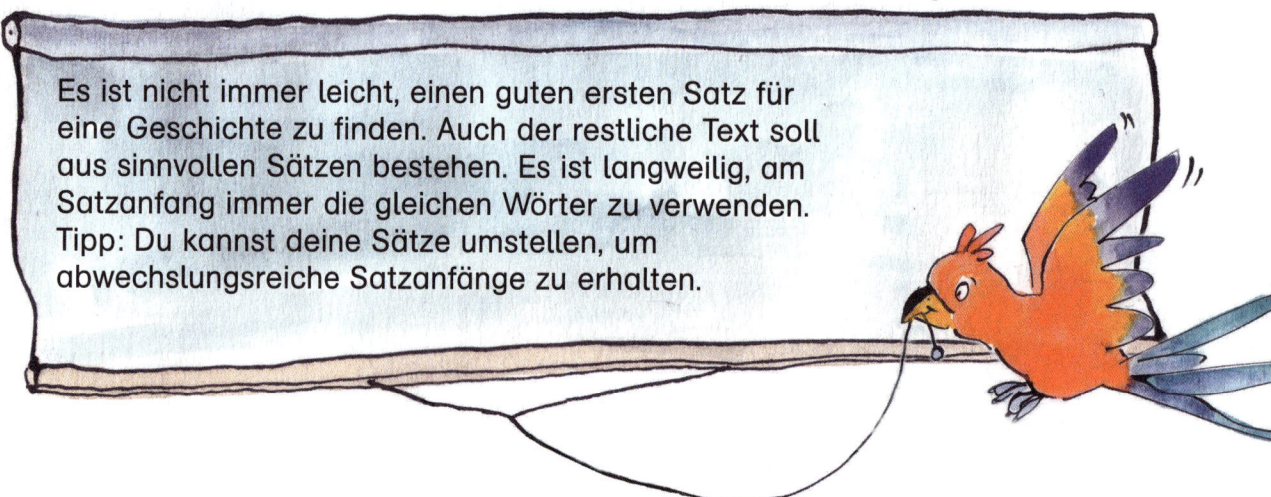

Es ist nicht immer leicht, einen guten ersten Satz für eine Geschichte zu finden. Auch der restliche Text soll aus sinnvollen Sätzen bestehen. Es ist langweilig, am Satzanfang immer die gleichen Wörter zu verwenden. Tipp: Du kannst deine Sätze umstellen, um abwechslungsreiche Satzanfänge zu erhalten.

1. Ordne die verschiedenen Satzanfänge richtig ein. Wo verwendest du sie in deiner Geschichte?

Zum Schluss   Später   Am Ende
Dann   Anschließend
Zu Beginn   Am Anfang
Plötzlich
Danach   Schließlich
Zuerst

Anfang	Mitte	Schluss
___	___	___
___	___	___
___	___	___
	___	
	___	

2. Schreibe passende Satzanfänge aus Übung 1 auf die Zeilen.

Am Wochenende war ich im Schwimmbad.

_____ bezahlte ich das Eintrittsgeld an der Kasse.

_____ zog ich schnell meinen Badeanzug an.

_____ duschte ich. _____ hüpfte ich ins Schwimmbecken.

3. Stelle die Sätze um, damit sie nicht mit „ich" anfangen. Schreibe die Lösungen auf die Zeilen.

a) Ich esse gern Nudeln.

b) Ich mag Rüben nicht.

c) Ich fahre in den Ferien an die Nordsee.

d) Ich freue mich schon sehr darauf.

2 Wörtliche Rede

Wörtliche Rede brauchst du immer dann, wenn eine Person etwas sagt oder denkt. Der Begleitsatz der wörtlichen Rede muss nicht immer am Anfang stehen.

Achte auf die Satzzeichen und Redezeichen:
Der Junge ruft: „Wirf den Ball her!"
„Wirf den Ball her!", ruft der Junge.
„Wirfst du bitte den Ball her?", fragt der Junge.
„Ich gehe jetzt nach Hause", sagt der Junge.

1. Ergänze die fehlenden Satzzeichen und Redezeichen.

Welchen Lutscher willst du haben

Schieß doch endlich

Luna ist ein braver Hund

2. Ergänze die Redezeichen.

Horst kommt in eine neue Klasse. „Wie heißt du?", fragt die Lehrerin. Er nennt seinen Namen. „Du kannst neben mir sitzen", sagt Anne. Horst bedankt sich: „Danke, das ist nett von dir." „In der Pause zeige ich dir alles", bietet Karl an. „Gern, ich bin schon gespannt auf meine neue Schule!", sagt Horst.

3. Wandle die Sätze in wörtliche Rede mit Redebegleitsatz um. Das erste Beispiel zeigt dir, wie du es machen musst.

a) Die Lehrerin fragt, wer das Heft vergessen hat.

   Die Lehrerin fragt: „Wer hat das Heft vergessen?"

b) Sabine erzählt, dass sie in den Ferien auf einer Insel war.

c) Der Hausmeister ermahnt Tim, die Tür zu schließen.

d) Klaus bittet Julia, ihm die Butter zu geben.

3 Gefühle und Gedanken ausdrücken

Wie wird deine Geschichte lebendig und interessant? Mach es am besten so: Beschreibe die Gefühle und Gedanken der Personen. Dadurch kannst du vor allem beim Höhepunkt deine Geschichte deutlich verbessern.

1. Schau dir die Gesichter an. Welches Gefühl passt am besten zum Gesichtsausdruck? Schreibe die passenden Wörter auf die Zeilen.

traurig   **wütend**   **fröhlich**   **erschrocken**

a)

c)

b)

d)

2. Paul fährt mit der Geisterbahn. Als plötzlich ein Geist vor den Wagen springt, erschrickt er sehr. Kreise die Ausdrücke farbig ein, mit denen du seine Angst beschreiben kannst.

schweißgebadet sein

am ganzen Körper zittern

traurig sein

wie erstarrt sein

einen Schrei ausstoßen

vor Schreck kein Wort herausbringen

leise schluchzen   **den Kopf hängen lassen**

3. Ergänze die Geschichte: Schreibe die passenden Sätze auf die Zeilen. Pass gut auf: Zwei Sätze bleiben übrig.

Ulf ist überglücklich:	„Hoffentlich treffe ich!"
Ulf ist sauer und enttäuscht:	„Juhu! Wir haben gewonnen!"
Ulfs Knie zittern vor Aufregung:	„Verdammt, das ging daneben!"

Es ist immer noch Gleichstand. Nun muss das Spiel durch ein Elfmeterschießen entschieden werden. Jetzt ist Ulf an der Reihe.

_____

_____

Er nimmt Anlauf, schießt rechts oben in die Ecke und trifft!

_____

4 Der Höhepunkt einer Geschichte

Der wichtigste Teil einer Geschichte ist der Höhepunkt im Hauptteil. Hier soll es besonders spannend werden.

Hier ein paar Tipps:
Schreibe in kurzen, verständlichen Sätzen, was geschieht.
Beschreibe die Gefühle der Personen.
Lass die Personen sprechen, denn wörtliche Rede macht den Höhepunkt interessanter.

1. Lies die Geschichte durch. Unterstreiche farbig die fünf Sätze, die den Höhepunkt bilden.

Auf der Rodelbahn

Endlich hatte es geschneit. Die Kinder der Klasse 4d freuten sich riesig, denn ihre Lehrerin hatte ihnen einen Ausflug zum Rodelberg versprochen. Also zogen sie am nächsten Morgen mit ihren Schlitten los.

Peter und Sophie wollten zusammen auf einem Schlitten sitzen. Am Tag zuvor hatten sie eine Sprungschanze am Schlittenberg entdeckt. Endlich kamen sie an. Es konnte losgehen. Peter saß vorn und steuerte den Schlitten. Sophie hielt sich gut an ihm fest. Immer schneller wurde die Fahrt. Die Schanze kam immer näher. Sie machten einen Sprung, doch bei der Landung verlor Peter die Kontrolle über den Schlitten. Kinder sprangen zur Seite. Die beiden Rodler schossen ungebremst in einen Schneehaufen. Der Schlitten brach auseinander.

Zum Glück war Sophie und Peter nichts passiert. Die Sprungschanze wurde für den Rest des Tages gesperrt.

2. Im Text von Übung 1 fehlen passende Adjektive, um die Geschichte anschaulicher zu machen. Ergänze mögliche Lösungen.

a) Am Tag zuvor hatten sie eine _____ Sprungschanze am Schlittenberg entdeckt.

b) Sie machten einen _____ Sprung, doch bei der Landung verlor Peter die Kontrolle über den Schlitten.

c) Die beiden Rodler schossen ungebremst in einen _____ Schneehaufen.

3. In der Geschichte fehlt die wörtliche Rede. Überlege, was die Personen sagen könnten. Schreibe deine Ideen auf die Zeilen.

a) Die Kinder der Klasse 4d freuten sich riesig:

„_____"

b) Sie machten einen Sprung, doch bei der Landung verlor Peter die Kontrolle über den Schlitten. „_____

_____", rief er laut.

c) Die beiden Rodler schossen ungebremst in einen Schneehaufen. Der Schlitten brach auseinander. Sophie jammerte:

„_____"

d) Zum Glück war Sophie und Peter nichts passiert. Die Lehrerin meinte erleichtert: „_____

_____"

5 Groß- und Kleinschreibung

> Überschriften, Nomen, Satzanfänge und Anreden schreibst du groß. Alle anderen Wörter werden kleingeschrieben.

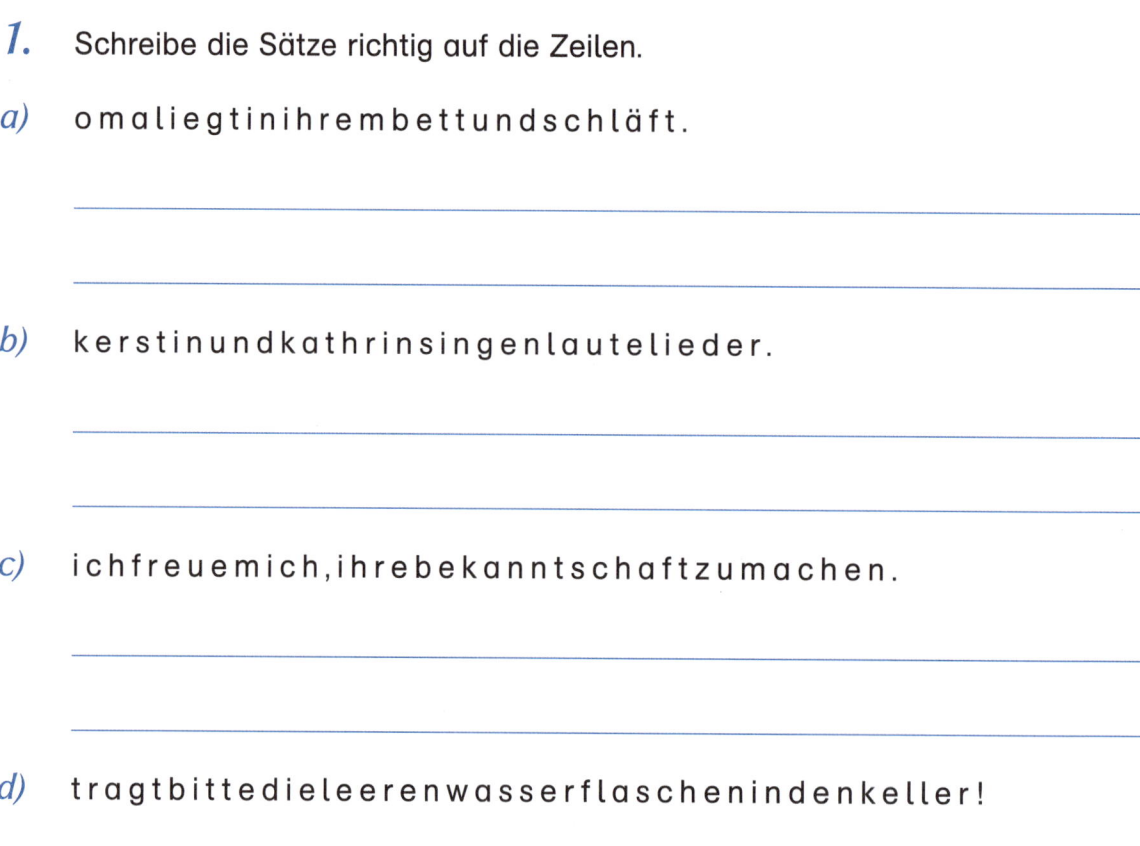

1. Schreibe die Sätze richtig auf die Zeilen.

a) omaliegtinihrembettundschläft.

b) kerstinundkathrinsingenlautelieder.

c) ichfreuemich,ihrebekanntschaftzumachen.

d) tragtbittedieleerenwasserflaschenindenkeller!

2. Musst du die Wörter groß- oder kleinschreiben? Schreibe die Wörter richtig auf die Zeilen. Begründe jeweils deine Entscheidung.

		richtige Schreibweise	Begründung
a)	HÜHNERSUPPE	Hühnersuppe	Nomen
b)	KLEIN		
c)	SOMMER		
d)	GLÜCKLICH		
e)	BEWEGEN		
f)	BEWEGUNG		

3. Schreibe den Text in der richtigen Groß- und Kleinschreibung auf die Zeilen.

gestern gingen mein bruder und ich ins kino. wir wollten den film „die schatzinsel" sehen. die frau an der kasse war sehr freundlich. wir kauften zwei eintrittskarten und setzten uns in die letzte reihe.

6 Zusammengesetzte Nomen

Wenn du zwei Nomen zusammensetzt, geht kein Buchstabe verloren:
das Schi**ff** + die **F**ahrt = die Schi**fff**ahrt.

Bei manchen Wörtern kommt noch ein Buchstabe hinzu – das Fugen-s:
die Geburt + der Tag = der Geburt**s**tag

1. Was ist hier gezeichnet? Schreibe die Lösungen – es sind immer zusammengesetzte Nomen – mit dem bestimmten Artikel auf die Zeilen.

a)    _der Kugelschreiber_

b)

c)

d)

2.
Bilde zusammengesetzte Nomen. Schreibe die Lösungen mit dem bestimmten Artikel auf die Zeilen.

Räuber — Kiste

Tannen — Höhle

Fliegen — Uniform

Polizei — Wald

Schatz — Pilz

die Räuberhöhle,

_____

_____

3.
Finde die Schreibfehler. Schreibe die Wörter richtig auf die Zeilen.
Das erste Beispiel zeigt dir, wie du es machen musst.

a) Honiglas   *der Honig + das Glas = das Honigglas*

b) Ohring   _____

c) Stoffetzen   _____

d) Hantuch   _____

4.
Schreibe die zusammengesetzten Nomen auf die Zeilen.
Achtung: Du brauchst jeweils ein Fugen-s.

a) das Frühstück + das Ei   _____

b) der Urlaub + der Tag   _____

c) der Bahnhof + die Uhr   _____

d) der Geburtstag + die Feier   _____

7 Wörter mit tz

Vor tz steht fast immer ein Vokal oder Umlaut. Er wird kurz gesprochen: die K**a**tze, sch**ü**tzen.

Achte beim Trennen auf die Silben:
Kat-ze, schüt-zen; aber: Schutz-an-zug.

1. Finde die Rätselwörter. Schreibe die Lösungen auf die Zeilen.

	1	2	3	4
A	T	I	P	C
B	Ü	U	A	S
C	H	L	N	B
D	E	G	Z	K

a) B4 – A4 – C1 – B2 – A1 – D3   Schutz

b) C3 – B1 – A1 – D3 – C2 – A2 – A4 – C1   nützlich

c) D2 – D1 – B4 – D1 – A1 – D3   Gesetz

d) B4 – A3 – A2 – A1 – D3 – D1   Spitze

e) D4 – A2 – A1 – D3 – D1 – C2 – C3   Kitzeln

f) B4 – D1 – A1 – D3 – D1 – C3   Setzen

g) B4 – A4 – C1 – B3 – A1 – D3   Schatz

2. Schreibe die Wörter nach dem Alphabet geordnet auf die Zeilen.

| Schmutzfink | plötzlich | witzig | Kratzbürste |
| Gesetz | Blitz | flitzen | sitzen |

Schmutzfink, plötzlich, witzig, Kratzbürste, Gesetz, Blitz, flitzen, sitzen

3. Schreibe die Wörter mit den richtigen Trennungen auf die Zeilen.

a) Nutzen — Nut-zen

b) anspitzen — *an-spit-zen*

c) benutzen — *be-nut-zen*

d) Spritze — *Sprit-ze*

e) Kratzbürste — *Kratz-bür-ste*

4. Musst du z oder tz ergänzen? Trage die fehlenden Buchstaben in die Lücken ein.

a) der Pil*z*

b) die Ker*z*e

c) die Mü*tz*e

d) der Bli*z*

e) die Pflan*z*e

f) der *Z*ucker

g) die Prin*z*essin

h) der Spa*tz*

8 Wörter mit ie

Wörter in denen du den i-Laut lang und deutlich hören kannst, werden oft mit ie geschrieben:
Sch**ie**ne, L**ie**be, D**ie**nstag.

1. Hier verstecken sich waagrecht und senkrecht acht Wörter mit ie. Suche sie und kreise sie farbig ein.

W	S	O	P	R	C	Y	S	M	D
S	X	L	I	E	B	E	F	E	B
P	V	Z	L	M	Q	S	D	O	V
I	G	X	B	R	I	E	F	P	W
E	J	T	F	E	Z	W	I	L	R
G	V	I	E	L	A	R	E	K	T
E	T	E	H	O	I	T	B	Z	U
L	A	F	K	L	N	I	E	G	B
B	D	S	D	F	H	B	R	D	X
W	I	E	G	E	N	E	B	C	S

2. Was ist hier gezeichnet? Schreibe die Lösungen mit dem bestimmten Artikel auf die Zeilen.

a)

b)

c)

3. Suche die Reimwörter mit ie. Schreibe sie auf die Zeilen.

a) siegen

l_____

w_____

fl_____

b) schließen

g_____

fl_____

sch_____

c) schief

Br_____

er r_____

sie schl_____

d) Knie

n_____

w_____

s_____

4. Schreibe die Verbformen im Präteritum auf die Zeilen.

Alle Lösungen werden mit ie geschrieben. ◀ Tipp

a) schlafen ich *schlief* er _____ wir _____

b) stoßen ich _____ er _____ wir _____

c) bleiben ich _____ er _____ wir _____

d) lassen ich _____ er _____ wir _____

9 Wörter mit V und v

Die meisten Wörter mit V / v musst du auswendig lernen. Wörter, die mit **ver** oder **vor** beginnen, werden immer mit V oder v geschrieben.

1. Brauchst du ver oder vor? Ergänze richtig und achte dabei auf die Groß- und Kleinschreibung.

Tipp Bei e) gibt es zwei Möglichkeiten.

a) die ___käuferin   e) der ___trag

b) ___gessen   f) der ___sprung

c) die ___sicht   g) ___schieden

d) ___lieren   h) der ___teil

2. Brauchst du f oder v? Ergänze richtig und achte dabei auf die Groß- und Kleinschreibung.

Mein ___ater sollte ___orletzte Woche in meiner Klasse einen ___ortrag über ___ögel halten.

Da___ür wollte er einen ___reien ___ogel ___angen. Mein Bruder ___alentin war ___erzwei___elt.

„Warum hältst du keinen ___ortrag über Kla___iere oder ___ulkane?", ___agte er.

3. Hier verstecken sich waagrecht und senkrecht 22 Wörter mit V oder v.
Suche sie und kreise sie farbig ein. Schreibe sie anschließend auf die Zeilen.

e	C	X	U	V	V	V	v	o	l	l	v	v	h
q	L	v	v	o	e	e	o	x	a	X	o	e	i	v
v	r	e	e	r	r	r	N	v	i	e	r	r	e	e
e	v	r	r	f	p	k	V	e	J	H	s	l	l	r
r	e	b	l	a	a	e	a	r	g	B	i	e	l	g
b	r	i	i	h	c	h	t	s	J	E	c	t	e	e
r	b	e	e	r	k	r	e	c	g	O	h	z	i	s
a	r	t	r	t	u	y	r	h	N	c	t	e	c	s
u	e	e	e	l	n	p	A	m	B	l	i	n	h	e
c	n	n	n	a	g	r	V	u	e	L	g	d	t	n
h	n	y	v	o	l	l	s	t	ä	n	d	i	g	c
e	e	V	e	r	b	o	t	z	K	V	o	g	e	l
n	n	V	a	s	e	M	V	e	r	e	i	n	I	P
v	e	r	s	u	c	h	e	n	Y	L	w	h	G	A
U	G	G	B	V	e	r	b	r	e	n	n	u	n	g

_____

_____

_____

_____ .

10 Wörter mit Dehnungs-h

Das Dehnungs-h kannst du nicht direkt hören – der Vokal oder Umlaut vor dem Dehnungs-h wird aber immer lang gesprochen.

1. Suche die Wortpaare, die sich reimen. Schreibe sie auf die Zeilen.

_____   _____

_____   _____

2. Bilde sinnvolle Wörter, indem du für das Fragezeichen die fehlenden Buchstaben ergänzt. Schreibe die Lösungen auf die Zeilen.

a) ungef ? r _____

b) der St ? l _____

c) die H ? le _____

d) ? ne _____

e) ? rlich _____

Wenn ein Wort mit Dehnungs-h geschrieben wird, dann haben auch die anderen Wörter aus seiner Wortfamilie ein Dehnungs-h. ◄ Tipp

3. Schreibe die Wörter aus der Wortfamilie **fahren** auf die Zeilen.

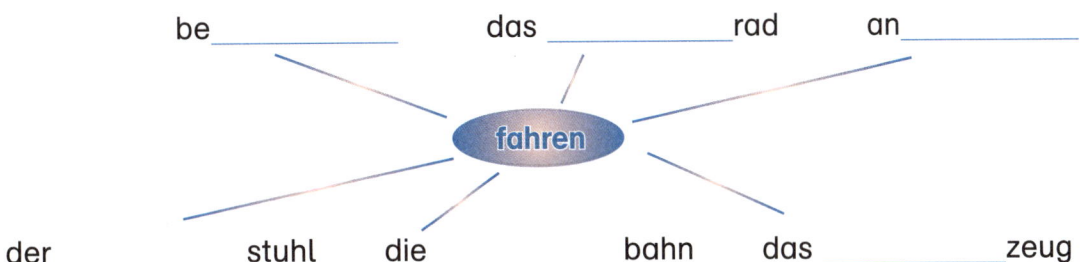

4. Trenne die Wörter durch einen Strich voneinander ab. Wie viele Wörter stehen in jeder Zeile?

a) zählenverzählenabzählenaufzählenerzählen

In dieser Zeile stehen ___ Wörter.

b) bohrenverstehensehenzahlendehnenfühlenstehlen

In dieser Zeile stehen ___ Wörter.

5. Setze die Wörter richtig in die Lücken ein.

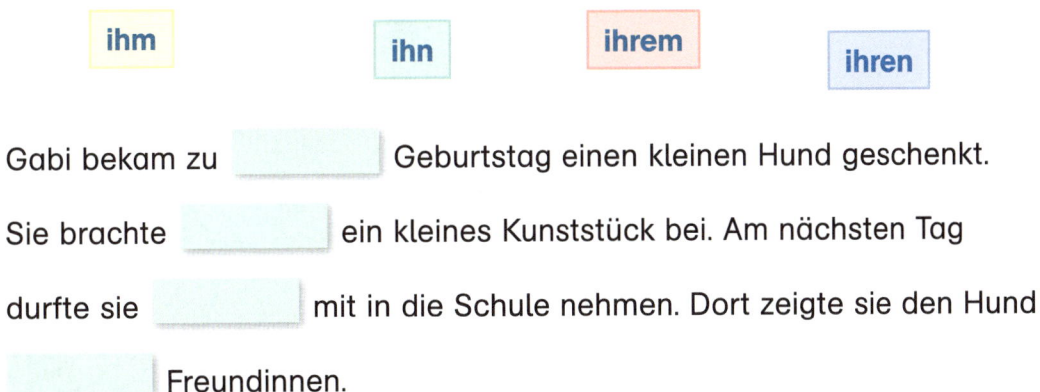

11 Wörter mit Doppelvokal

Es gibt nur wenige Wörter mit Doppelvokal. Einige kannst du in diesem Kapitel üben. Lerne sie am besten auswendig. Ein Tipp: Es gibt nur Wörter mit aa, ee oder oo.

1. Schreibe die Nomen mit bestimmtem Artikel nach dem Alphabet geordnet auf die Zeilen. Markiere anschließend die Doppelvokale farbig.

das Meer   der Aal   das Paar
das Boot   die Beere
der Teer   der Kaffee   der Schnee

_____

_____

_____

2. Ergänze jeweils den richtigen Doppelvokal.

a) das B oo t   e) der S ee
b) der Kl ee   f) das M oo s
c) der T ee   g) das P aa r
d) der S aa l   h) L ee r

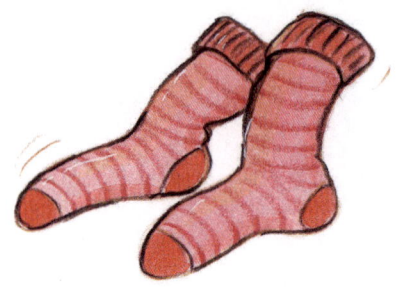

3. Löse die Purzelwörter richtig auf. Schreibe die Nomen mit dem bestimmten Artikel auf die Zeilen.

a) r aa H _____

b) oo Z _____

c) oo s M _____

d) s Aa _____

e) e aa W g _____

f) ee F _____

g) ee K l _____

4. Ergänze die fehlenden Doppelvokale.

a) Im Sommer können wir auf dem S _ee_ mit einem Tretb _oo_ t fahren.

b) Das ist eine tolle Id _ee_ !

c) Zum Frühstück trinke ich immer Pfefferminzt _ee_ .

d) Oma hat eine Kreuzfahrt im Mittelm _ee_ r gemacht. Dabei wurde sie s _ee_ krank.

12 Wörter mit s – ss – ß

> Im Deutschen gibt es drei Möglichkeiten, wie du einen s-Laut schreiben kannst: s, ss und ß.
> Wichtig: Der Buchstabe ß kann nie am Wortanfang stehen.
> Nach einem lang gesprochenen Vokal oder Umlaut kann nie ss stehen.

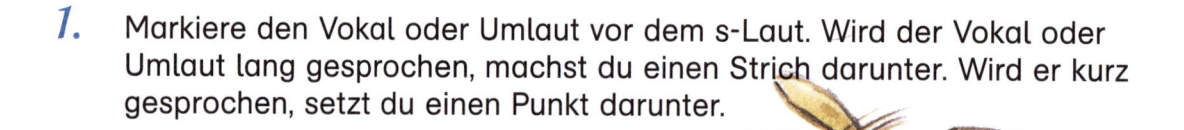

1. Markiere den Vokal oder Umlaut vor dem s-Laut. Wird der Vokal oder Umlaut lang gesprochen, machst du einen Strich darunter. Wird er kurz gesprochen, setzt du einen Punkt darunter.

Fass   Fuß   Floß   Käse

Rose   Sessel   Hase   Tasse

2. Schreibe die Wörter von Übung 1 zur richtigen Gruppe auf die Zeilen. Ergänze jeweils den bestimmten Artikel.

a) Wörter mit s: *der Käse, die Rose, der Hase*

b) Wörter mit ss: *das Fass, der Sessel, die Tasse*

c) Wörter mit ß: *der Fuß, der Floß*

3. Verbinde die zusammengehörigen Verbformen. Schreibe sie paarweise auf die Zeilen.

ich grüße	sie aß
er weiß	ich grüßte
sie misst	es floss
es fließt	er stieß
er stößt	sie maß
sie isst	er wusste

er weiß – er wusste, ich grüße – ich grüßte, sie misst – sie maß, es fließt – es floss, es stößt – er stieß, sie isst – sie aß

4. Brauchst du s, ss oder ß? Ergänze die fehlenden Buchstaben.

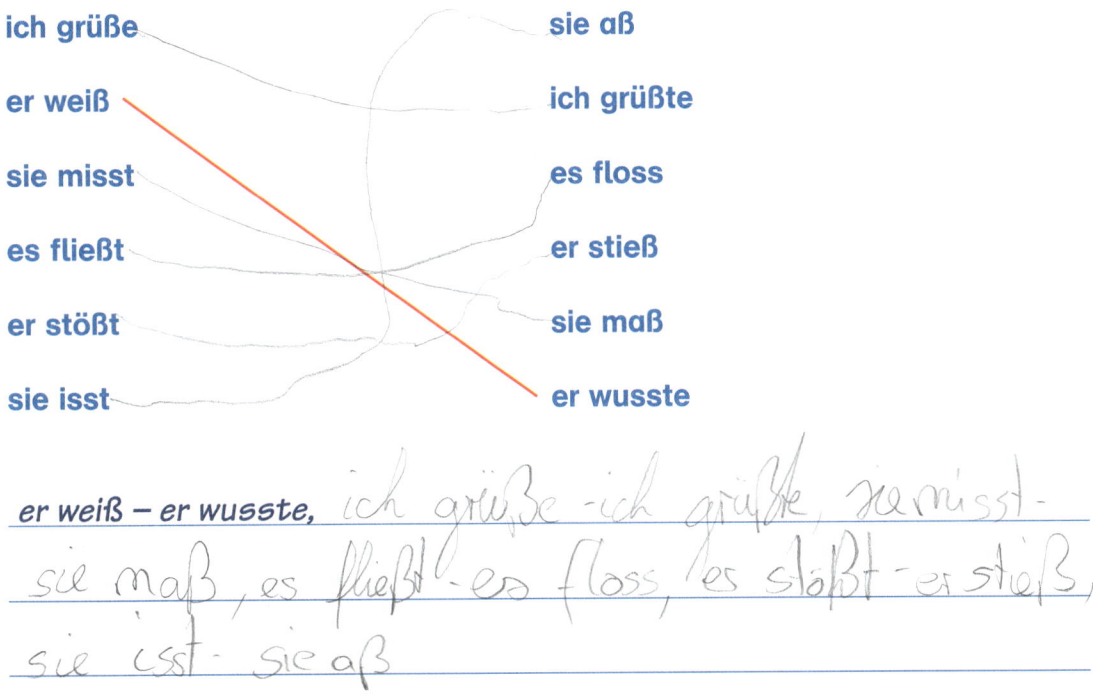

Peters Mutter hat heute Geburtstag.

Beinahe hätte er ihn verge **ss** en.

Gerade noch rechtzeitig be **s** orgt

er einen schönen Blumenstrau **ß** .

Seine Mutter stellt ihn in eine Va **s** e.

Der Tisch ist schon gedeckt.

Es gibt Nu **ss** kuchen.

Peter nimmt sich ein gro **ß** es Stück.

13 Wörter mit x – ks – chs

Bei Wörtern, die mit x, ks und chs geschrieben werden, musst du gut aufpassen, denn ks und chs werden wie x gesprochen: der Keks, das Wachs, die Axt.

1. Schreibe die Wörter nach dem Alphabet geordnet auf die Zeilen.

Nixe, Hexe, mixen, Text, Taxi, boxen, kraxeln, extra, Axt

_____

_____

_____

2. Welche Schreibung ist richtig? Streiche die falsch geschriebenen Wörter durch.

a) der Fuks | der Fuchs | der Fux

b) verwechseln | verwekseln | verwexeln

c) linx | links | linchs

d) die Bükse | die Büxe | die Büchse

3. Welche Vorsilben passen zu den Verben? Schreibe alle richtigen Lösungen auf die Zeilen.

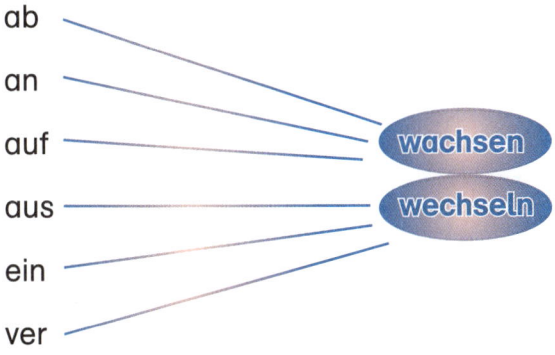

_____

_____

_____

4. Brauchst du chs oder x? Ergänze die fehlenden Buchstaben.

Vorgestern fuhr der Ta___ifahrer Ma___ durch die Straßen. Er sollte einen Bo___er abholen. Plötzlich merkte er, dass er die Adresse verwe___elt hatte. „Verfli___t! Das ist aber keine Bo___halle!", dachte er sich. Auch wenn er schlau war wie ein Lu___, musste er jetzt die Zentrale anrufen und nach dem Weg fragen. „Lass dir keine grauen Haare wa___en, Ma___, das kann jedem mal passieren!", sagte die Dame aus der Ta___izentrale.

14 Nomen bilden

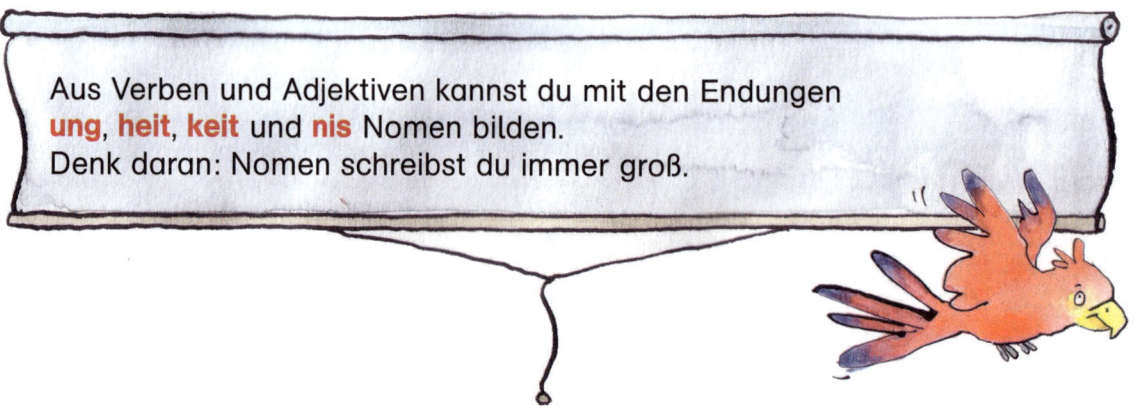

Aus Verben und Adjektiven kannst du mit den Endungen **ung**, **heit**, **keit** und **nis** Nomen bilden.
Denk daran: Nomen schreibst du immer groß.

1. Bilde aus den vorgegebenen Wörtern und Nachsilben sinnvolle Nomen.
Schreibe sie mit dem bestimmten Artikel auf die Zeilen.

- einladen
- planen
- selten
- erleben
- gemeinsam
- heiter
- verschmutzen
- schön
- möglich
- geheim
- ereignen
- hell
- erlauben
- dunkel

- ung
- heit
- keit
- nis

2. Ergänze die richtigen Endungen.

a) Ich frage meine Mutter um Erlaub_____.

b) Robinson Crusoe lebte in der Einsam_____ auf einer Insel.

c) Dort drüben ist eine Unterführ_____ für Fußgänger.

d) Uysal schreibt eine Einlad_____ zu seiner Party.

e) „Blöde Kuh" ist eine schlimme Beleidig_____.

f) Mutter liest gern in der Zeit_____.

3. Hier sind die Endungen durcheinandergeraten. Schreibe die farbigen Nomen aus dem Text mit den richtigen Endungen auf die Zeilen.

Gestern in der Schule gab es eine **Vorführheit**. Die Kinder hatten die **Erlaubung**, anschließend in der Turnhalle zu schlafen. Für die **Übernachtkeit** hatte die Lehrerin eine kleine **Überraschnis**: Jedes Kind bekam eine kleine **Süßigung** als **Belohnnis**. Zum Einschlafen gab es eine spannende **Erzählnis** der Lehrerin. Am nächsten Morgen klingelten den Eltern von all den begeisterten **Erlebkeiten** der Kinder die Ohren. „Das war eine echte **Leistnis** von Frau Müller!", sagten sie voller **Bewunderkeit**.

Vorführung, _____

_____

_____

15 Wortfamilie und Wortfeld

Zu einer **Wortfamilie** gehören Wörter mit dem gleichen Wortstamm, zum Beispiel: **flieg**en, **Flug**zeug, **Flüg**el, **Flieg**e, weg**flieg**en.

Zu einem **Wortfeld** gehören Wörter mit gleicher oder ähnlicher Bedeutung, zum Beispiel: **gehen**, **rennen**, **laufen**, **spazieren**.

1. Hier sind Wörter aus drei Wortfamilien. Male die Kästchen der miteinander verwandten Wörter in derselben Farbe aus.

Versicherung	einfangen	fangen	absichern
sicher	Anlauf	laufen	sicherlich
Gefängnis	weitläufig	Langläufer	Fänger

2. Suche alle Wörter, die zur Familie mit dem Wortstamm **deck** gehören. Kreise den Wortstamm farbig ein.

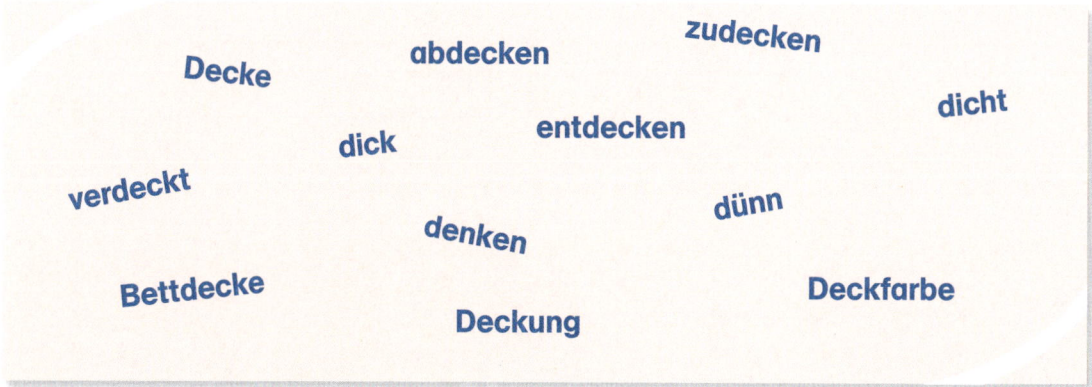

3. In jeder Zeile ist ein Wort aus dem Wortfeld **sprechen** versteckt.
Unterstreiche diese Wörter farbig.

W U O P S T H G A F R A G E N L O E T W A

I S G H A F L Ü S T E R N G B V A P O L D

M N G A S E T V C X M K O A B R Ü L L E N

J M B A S P N V G D F A S T O T T E R N O

E R Z Ä H L E N N B M Y X O J G H F D L A

U B V F E R J M U R M E L N L M B V E R B

4. Schreibe die Wörter zur richtigen Gruppe auf die Zeilen.

Gehstock   Spaziergang   humpeln   weggehen
schlendern   schleichen
Gehweg   schreiten

Wortfamilie   **Wortfeld**

_____   _____

_____   _____

_____   _____

_____   _____

16 Wortarten

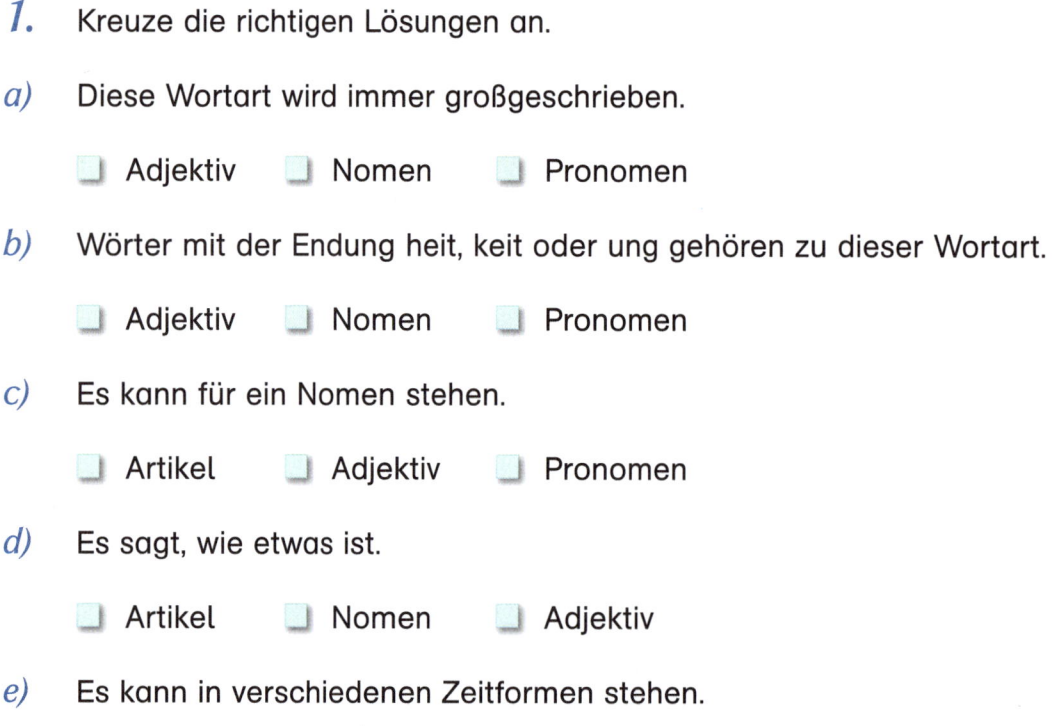

Nomen (= Namenwörter) bezeichnen Personen, Tiere, Dinge oder Gefühle. Nomen haben einen **Artikel** (= Begleiter).

Verben (= Tunwörter) sagen dir, was jemand macht oder was passiert.

Adjektive (= Wiewörter / Eigenschaftswörter) drücken aus, wie etwas ist.

Pronomen (= Fürwörter) können ein Nomen ersetzen.

1. Kreuze die richtigen Lösungen an.

a) Diese Wortart wird immer großgeschrieben.

☐ Adjektiv ☐ Nomen ☐ Pronomen

b) Wörter mit der Endung heit, keit oder ung gehören zu dieser Wortart.

☐ Adjektiv ☐ Nomen ☐ Pronomen

c) Es kann für ein Nomen stehen.

☐ Artikel ☐ Adjektiv ☐ Pronomen

d) Es sagt, wie etwas ist.

☐ Artikel ☐ Nomen ☐ Adjektiv

e) Es kann in verschiedenen Zeitformen stehen.

☐ Verb ☐ Nomen ☐ Artikel

2. Schreibe die Wörter zur richtigen Gruppe auf die Zeilen.

Hund   der   riechen   freundlich   Lehrerin   es

du   eine   das   die   essen   sehen   seine

rund   Turnschuh   leiden   dick   flauschig   klatschen

Regen   mein   sie   klein   dem   Klaus

Artikel

Nomen

Adjektiv

Pronomen

Verb

17 Neue Wörter bilden

Aus Nomen, Adjektiven und Verben kannst du durch Zusammensetzungen neue Wörter bilden. Beispiele:

Nomen + Nomen
die Sonne + die Brille = die Sonnenbrille

Nomen + Adjektiv
das Haus + hoch = haushoch

Verb + Nomen
schalten + der Hebel = der Schalthebel

Adjektiv + Nomen
alt + das Papier = das Altpapier

1. Verbinde die vorgegebenen Wörter und bilde daraus zusammengesetzte Nomen. Schreibe die Lösungen mit dem bestimmten Artikel auf die Zeilen.

a) fahren + das Rad
b) messen + der Becher
c) wandern + der Schuh
d) treffen + der Punkt
e) der Schluss + der Pfiff
f) blau + das Licht
g) der Regen + der Schirm
h) braten + die Pfanne

2. Zerlege die zusammengesetzten Wörter in ihre Einzelteile.

a) der Ringfinger = _der Ring + der Finger_

b) haushoch = _____

c) federleicht = _____

d) die Gangschaltung = _____

e) das Lagerfeuer = _____

f) der Tieffliger = _____

3. Ulf ist ein Angeber. In seinen Geschichten übertreibt er gerne. Ergänze die Lücken durch passende Wortteile.

Gestern waren wir am See. Das Wasser

war _____ kalt. Trotzdem

bin ich _____ mutig

hineingesprungen und

_____ schnell

durch den

_____ großen See

geschwommen.

4. Zerlege die Wörter in ihre Einzelteile. Schreibe die Wortarten dieser Teile auf die Zeilen.

a) die Drehscheibe = _Verb + Nomen_

b) bärenstark = _____

c) die Topfpflanze = _____

d) der Esstisch = _____

18 Vergleiche mit Adjektiven

Mit einem Adjektiv kannst du genau beschreiben, wie etwas ist. Außerdem kannst du Dinge und Personen miteinander vergleichen.

Positiv (= Grundstufe): schnell
Komparativ (= Höherstufe): schneller
Superlativ (= Höchststufe): am schnellsten

Vergleiche: genauso schnell wie
schneller als

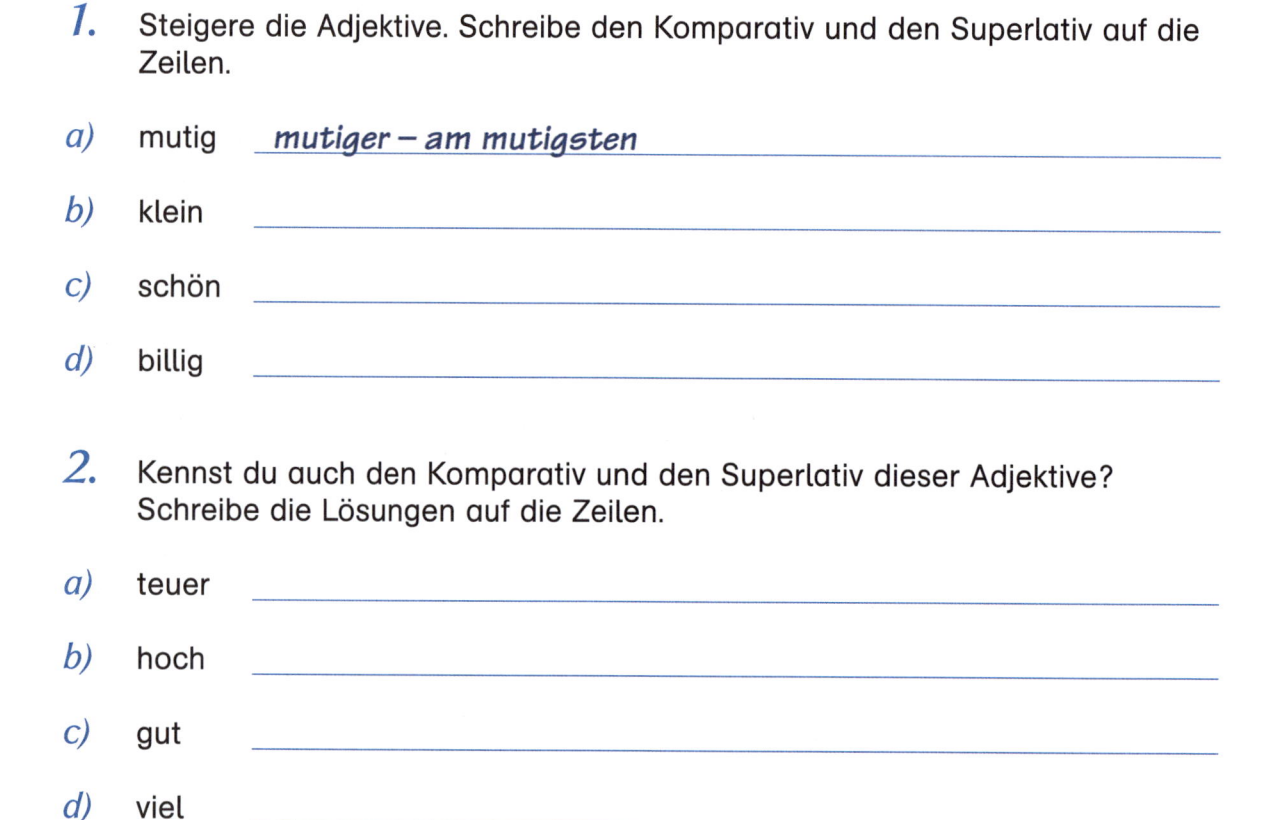

1. Steigere die Adjektive. Schreibe den Komparativ und den Superlativ auf die Zeilen.

a) mutig   *mutiger – am mutigsten*

b) klein   _____

c) schön   _____

d) billig   _____

2. Kennst du auch den Komparativ und den Superlativ dieser Adjektive? Schreibe die Lösungen auf die Zeilen.

a) teuer   _____

b) hoch   _____

c) gut   _____

d) viel   _____

3. Was ist teurer oder billiger? Vergleiche und ergänze die Sätze.

a)

Bananen: 3 Euro   Äpfel: 2,50 Euro

Die Bananen sind

b)

Auto: 15 000 Euro   Fahrrad: 300 Euro

Das Auto

c)

Geige: 1000 Euro   Klavier: 3000 Euro

Die

19 Präsens, Präteritum und Perfekt

Am Verb kannst du erkennen, ob etwas im **Präsens** (Gegenwart) geschieht – oder ob etwas in der Vergangenheit geschah.
Für die Vergangenheit gibt es zwei Formen:
Das **Präteritum** (1. Vergangenheit) verwendest du beim Schreiben von Geschichten, das **Perfekt** (2. Vergangenheit) vor allem beim mündlichen Erzählen.

Präsens: er kocht – sie fliegt
Präteritum: er kochte – sie flog
Perfekt: er hat gekocht – sie ist geflogen

1. Kreuze alle Präteritumsformen an.

- ❏ er ist gegangen
- ❏ sie tanzte
- ❏ wir tragen
- ❏ ihr legtet
- ❏ ich liebe
- ❏ wir haben gelacht
- ❏ es regnet
- ❏ du flogst
- ❏ er log
- ❏ ich denke
- ❏ du hast gesagt
- ❏ sie lag

2. Setze die Präsensformen ins Präteritum.

a) es weht _____

b) wir lachen _____

c) sie fliegt _____

d) ich drehe _____

e) sie singen _____

3. Forme die Sätze um. Schreibe sie im Perfekt auf die Zeilen.

a) Peter fährt gern Rad.

b) Am Abend gehen wir immer früh ins Bett.

c) Stephanie gewinnt beim Sportfest eine Medaille.

4. Bilde aus den Wörtern Sätze in der angegebenen Zeit.

a) Ich – kochen – Nudeln   **Perfekt**

b) Er – das Spiel – gewinnen   **Präteritum**

c) Wir – über den Witz – lachen   **Präsens**

d) Oma – ihre Brille – suchen   **Perfekt**

e) Er – fernsehen   **Präteritum**

20 Futur

Wenn du ausdrücken willst, was später einmal passieren wird, dass brauchst du die Verbform **Futur** (Zukunft).
Du bildest die Futurform aus der gebeugten Form von **werden** plus Grundform eines weiteren Verbs.

Präsens: ich komme
Futur: ich werde kommen

1. Lea beschreibt ihren Traumberuf. Unterstreiche alle Futurformen der Verben farbig.

Wenn ich groß bin, werde ich Profireiterin sein. Ich werde viel reisen. Mit meinem Pferd werde ich auf große Turniere gehen. Ich werde viele Preise gewinnen. Wenn alles gut geht, werde ich viel Geld verdienen. Dann werde ich mir viel leisten: ein großes Haus, viele schöne Dinge und einen Pool im Garten.

Ich werde auch meine Pferde gut pflegen. Wenn die Pferde krank sind, werde ich einen guten Tierarzt holen. Mein Lieblingspferd wird „Fury" heißen. Sein Stall wird direkt neben meinem Schlafzimmer liegen. Das wird ein schönes Leben werden! Ihr werdet schon sehen!

2. Forme vom Präsens ins Futur um. Schreibe die Lösungen auf die Zeilen.

a) du nimmst _____

b) er gibt _____

c) ihr wollt _____

d) sie reisen ab _____

3. Forme vom Perfekt ins Futur um. Schreibe die Lösungen auf die Zeilen.

a) ich habe gelesen _____

b) du bist gewesen _____

c) sie hat gesehen _____

d) es hat geschneit _____

4. Forme die Sätze vom Präteritum ins Futur um. Schreibe die Lösungen auf die Zeilen.

a) Er brachte ein Geschenk mit.

_____

b) Sie zogen nach Hamburg um.

_____

21 Zeitangaben

> Zeitangaben sind Satzglieder. Du findest sie mit den Fragen **Wann?**, **Wie lange?** oder **Seit wann?** heraus.
>
> Der Zug fährt um 16 Uhr ab.
> Frage: **Wann** fährt der Zug ab?
> Antwort: **Um 16 Uhr.**
>
> Er hat zwei Stunden gelesen.
> Frage: **Wie lange** hat er gelesen?
> Antwort: **Zwei Stunden.**

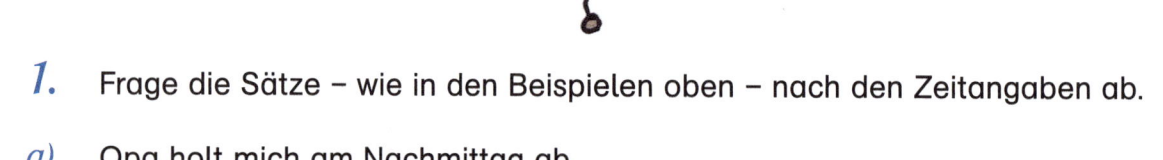

1. Frage die Sätze – wie in den Beispielen oben – nach den Zeitangaben ab.

a) Opa holt mich am Nachmittag ab.

　Frage: _____

　Antwort: _____

b) Wir waren zwei Wochen beim Skifahren.

　Frage: _____

　Antwort: _____

c) Er lebt seit drei Jahren in Köln.

　Frage: _____

　Antwort: _____

d) Klaus geht früh schlafen.

Frage: _____

Antwort: _____

e) Die Fahrt dauerte 30 Minuten.

Frage: _____

Antwort: _____

f) In einer Woche fangen die Ferien an.

Frage: _____

Antwort: _____

2. Setze selbstständig passende Zeitangaben ein.

a) _____ machten wir einen Ausflug in den Zoo.

b) Ich gehe _____ zum Schwimmen.

c) _____ schneit es oft.

d) _____ darf ich eine Stunde fernsehen.

e) Man soll _____ und

_____ die Zähne putzen.

22 Ortsangaben

Ortsangaben sind Satzglieder. Du findest sie mit den Fragen **Wo?**, **Woher?** oder **Wohin?** heraus.

Das Fahrrad steht im Keller.
Frage: **Wo** steht das Fahrrad?
Antwort: **Im Keller.**

Der Zug kommt aus Berlin.
Frage: **Woher** kommt der Zug?
Antwort: **Aus Berlin.**

Klaus hat das Buch auf den Tisch gelegt.
Frage: **Wohin** hat Klaus das Buch gelegt?
Antwort: **Auf den Tisch.**

1. Suche die Gegenstände und beantworte die Fragen in ganzen Sätzen.

a) Wo ist das Buch?

Das Buch liegt _____

b) Wo ist das T-Shirt?

c) Wo ist die Schultasche?

d) Wo ist der Teddy?

e) Wo ist der Stift?

2. Frage die Sätze nach den Ortsangaben ab.

a) Wir fahren nach Hause.

Frage: _____

Antwort: _____

b) Ich warte vor dem Kino auf dich.

Frage: _____

Antwort: _____

c) Tim kommt um 13 Uhr aus der Schule.

Frage: _____

Antwort: _____

d) Opa geht im Wald spazieren.

Frage: _____

Antwort: _____

23 Die vier Fälle des Nomens I

Nomen stehen im Satz in verschiedenen Fällen. Es gibt vier Fälle. In welchem Fall ein Nomen steht, kannst du mit der richtigen Frage herausfinden.

Herr Casimir ist Detektiv.
Wer oder was ist Detektiv? = **Nominativ** (1. Fall)

Herrn Casimirs Büro ist am Marktplatz.
Wessen Büro ist am Marktplatz? = **Genitiv** (2. Fall)

Frau Berger gibt Herrn Casimir einen Auftrag.
Wem gibt Frau Berger einen Auftrag? = **Dativ** (3. Fall)

Sie findet Herrn Casimir nett.
Wen oder was findet sie nett? = **Akkusativ** (4. Fall)

1. Frage nach den farbig gedruckten Satzteilen.

a) **Herr Casimir** arbeitet schon lange als Detektiv.

   Wer oder was arbeitet schon lange als Detektiv?

b) **Die Fälle** sind oft sehr schwierig.

c) Frau Berger sucht **Herrn Casimirs** Telefonnummer.

d) Seit dem Einbruch fehlen **Herrn Berger** teure Münzen.

e) Herr Casimir ist **dem Dieb** dicht auf den Fersen.

f) Der Detektiv hat **den Räuber Ede** in Verdacht.

g) Schließlich gesteht Ede **den Einbruch**.

2. Welche Wörter stehen im genannten Fall? Unterstreiche diese Wörter farbig. Das erste Beispiel zeigt dir, wie du es machen musst.

a) **Nominativ**

Herr Casimir hat schon einmal eine Diebesbande gefasst. Die Belohnung war sehr hoch.

b) **Genitiv**

In Familie Bergers Haus wurde eingebrochen. Zum Glück ist Peters Fußballpokal noch da. Frau Bergers teurer Schmuck wurde jedoch gestohlen.

c) **Dativ**

Dem Finder soll eine Belohnung gezahlt werden.

d) **Akkusativ**

Herr Casimir kann den Dieb überführen.
Der Detektiv hat den Fall schnell gelöst.

24 Die vier Fälle des Nomens II

In Kapitel 23 hast du die wichtigsten Regeln zu den vier Fällen kennengelernt. Jetzt kannst du dieses Thema in einigen weiteren Übungen trainieren.

1. Setze die passenden Fragewörter in die Lücken ein.

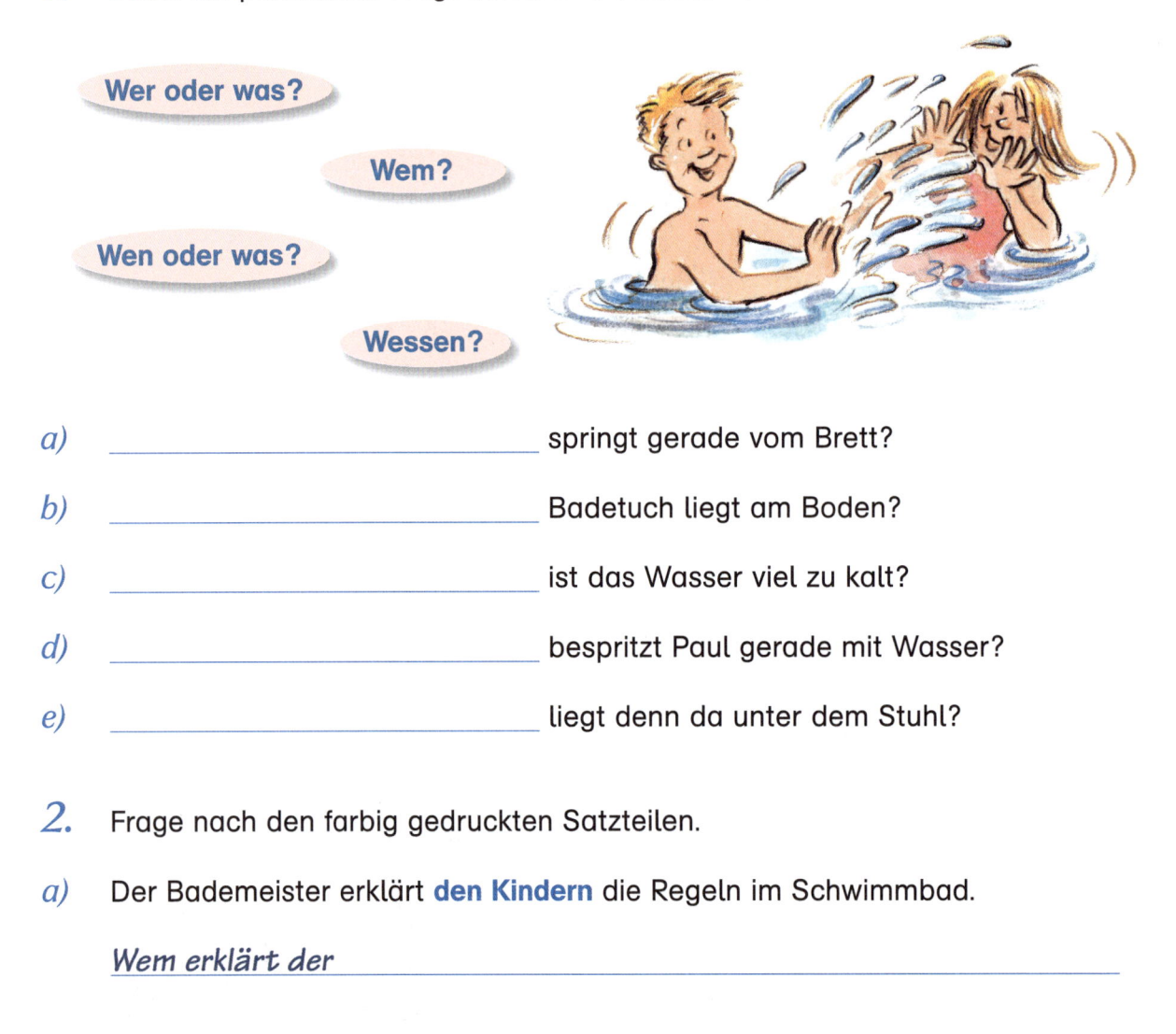

Wer oder was?
Wem?
Wen oder was?
Wessen?

a) _____ springt gerade vom Brett?

b) _____ Badetuch liegt am Boden?

c) _____ ist das Wasser viel zu kalt?

d) _____ bespritzt Paul gerade mit Wasser?

e) _____ liegt denn da unter dem Stuhl?

2. Frage nach den farbig gedruckten Satzteilen.

a) Der Bademeister erklärt **den Kindern** die Regeln im Schwimmbad.

   Wem erklärt der _____

b) **Susi** ist im Schwimmverein.

_____

_____

c) **Svens** Schwimmbrille ist verloren gegangen.

_____

_____

d) Sven sucht **die Schwimmbrille** überall.

_____

_____

3. Setze das Wort **Junge** mit dem bestimmten Artikel in der richtigen Form ein.

a) _____ rutscht auf dem nassen Hallenboden aus.

b) Das Knie _____ blutet.

c) Der Bademeister verarztet _____.

d) Er verbindet _____ die Wunde.

4. In welchem Fall stehen die farbig gedruckten Nomen?
Schreibe die Lösungen auf die Zeilen.

a) **Die Kinder** lieben das Schwimmfest. _____

b) Für **die Besten** gibt es Medaillen. _____

c) Die Sportlehrer **der Klassen** hängen
den Gewinnern die Medaillen um. _____

d) Ein Reporter fotografiert **die Kinder**. _____

25 Subjekt und Prädikat

Jeder Satz besteht aus Satzgliedern. Das sind die Teile, die bei der Umstellprobe immer zusammenbleiben. Ein ganzer Satz hat minestens zwei Satzglieder:
Subjekt (= Satzgegenstand) und
Prädikat (= Satzaussage).

So fragst du richtig nach Subjekt und Prädikat eines Satzes:

Klaus liest.   Wer oder was liest? – **Klaus = Subjekt**
              Was macht Klaus? – (er) **liest = Prädikat**

1. Unterstreiche in jedem Satz das Subjekt farbig.

a) Sabine hat den Blumentopf umgeworfen.

b) Stefan hat die Tafel bemalt.

c) Paul hat den Stuhl umgeworfen.

d) Die Trinkflasche hat Ariana ausgeschüttet.

e) Aus Wut hat Eva das Blatt zerrissen.

2. Bilde sinnvolle Sätze, indem du jeweils das richtige Subjekt zuordnest.

Der Pilot   macht es sich im Sitz bequem.

Die Stewardess   steuert die Maschine.

Der Mechaniker   repariert das Flugzeug.

Der Fluglotse   serviert den Gästen Getränke.

Der Passagier   gibt das Signal „Start frei".

3. Ergänze die Verben an den passenden Stellen als Prädikate. Als Zeitstufe verwendest du das Präsens (Gegenwart). Schreibe die Lösung des Rätsels auf die Zeile.

essen

spucken

haben

hängen

verwandeln

Wer bin ich?

Ich _____ am Baum.

Zuerst _____ ich weiße Blüten,

dann _____ ich mich in eine rote Frucht.

Kinder _____ mich gern.

Meine Kerne _____ sie um die Wette.

Lösung: _____

4. Unterstreiche alle Subjekte mit blauer Farbe und die Prädikate mit roter Farbe.

Der Ausflug beginnt. Familie Frick fährt mit dem Bus in den Zoo. Die Sonne scheint vom Himmel. Vater kauft den Kindern ein Eis. Nur Sabine will lieber eine Limo. Sie schwitzt. Nun gehen alle zu den Eisbären. Das Eisbärenbaby ist so süß.

26 Objekte im Dativ und im Akkusativ

Neben Subjekt und Prädikat gibt es in einem Satz oft weitere Satzglieder: Objekte (= Satzergänzungen) im Dativ oder Akkusativ.

So fragst du richtig nach Objekten:

Klaus schenkt seinem Freund ein Buch.
Wem schenkt Klaus ein Buch? –
seinem Freund = Dativobjekt
Wen oder was schenkt Klaus seinem Freund? –
ein Buch = Akkusativobjekt

1. Steht das farbig gedruckte Satzglied im Dativ? Frage den Satz ab und kreuze richtig an.

		ja	nein
a)	Der Junge kauft **eine Eintrittskarte**.	☐	☐
b)	Die Kassiererin gibt **ihm** das Wechselgeld.	☐	☐
c)	Damit kauft er sich **ein Eis**.	☐	☐
d)	Am Abend erzählt er **seiner Mutter** vom Ausflug.	☐	☐

2. Unterstreiche in jedem Satz das Dativobjekt farbig.

a) Annemarie hilft ihrer Schwester Lisa bei den Aufgaben.
b) Lisa hört ihrer Schwester zu.
c) Die Mutter backt den Kindern einen Kuchen.
d) Sie bringt den beiden den Kuchen ins Kinderzimmer.

3. Ergänze passende Akkusativobjekte. Achte beim Einsetzen auf die richtige Wortform und den bestimmten Artikel.

| der Prinz | das Spiel | der Zaun |

| der Nachbar |

a) Die Heimmannschaft verliert _____.

b) Die Prinzessin küsst _____.

c) Stefan repariert _____.

d) Johanna besucht _____.

4. Brauchst du Wem?, Wen? oder Was?
Ergänze das passende Fragewort.

a) _____ bringt der Nikolaus Geschenke?

b) _____ lobt die Lehrerin?

c) _____ hält die Mutter in der Hand?

d) _____ hilft der Bademeister?

e) _____ verkauft der Bäcker?

5. Unterstreiche alle Dativobjekte mit blauer Farbe und die Akkusativobjekte mit roter Farbe.

Die Kinder besuchen ein Museum. Der Eintritt ist nicht teuer. Peter holt seine Geldbörse heraus. Er bezahlt für alle. Eine Frau erzählt den Kindern interessante Dinge. Peter hört ihr zu. Sie zeigt ihnen auch schöne Bilder. Am Ende bedanken sich die Kinder herzlich bei der netten Dame.

27 Konjunktionen

Durch Konjunktionen (= Bindewörter) kannst du Satzteile und Sätze miteinander verbinden.

Konjunktionen sind zum Beispiel:
und – oder – deshalb – aber – weil – nachdem – dass

1. Wähle jeweils die passende Konjunktion aus und ergänze die Lücken.

a) **weil – denn – aber**

Rosi übt Mathe, _____ sie kann nicht so gut rechnen.

b) **nachdem – während – bevor**

Ich dusche mich, _____ ich ins Schwimmbecken springe.

c) **dass – falls – als**

Er weiß ganz genau, _____ ich keine Zeit habe.

d) **sondern – und – deshalb**

Morgen ist schulfrei, _____ dürfen wir länger aufbleiben.

e) **weil – denn – bevor**

Klaus geht früh schlafen, _____ er muss morgen schon um sechs Uhr aufstehen.

2. Durch welche passende Konjunktion kannst du jeweils die beide Sätze miteinander verbinden? Schreibe die kompletten Lösungen auf die Zeilen.

Achte auf notwendige Veränderungen der Wortfolge im Satz nach der Konjunktion. ◀ Tipp

a) Katzen fressen Mäuse. Sie sind nützliche Tiere.

Katzen fressen Mäuse, deshalb sind sie nützliche Tiere.

b) Susi ist sehr gut in Mathe. In Deutsch hat sie nur eine Vier.

c) Wir spielen heute im Wohnzimmer. Draußen regnet es.

d) Verena sieht fern. Ihre Mutter hat es verboten.

e) Ich weiß. Ich muss noch viel üben.

f) Sie ist noch zu klein. Sie darf nur mit ihrer Mutter ins Kino.

28 Lesen üben I

Hier kannst du üben, Fragen zu einem Text zu beantworten.

1. Lies den Text aufmerksam durch. Beantworte anschließend die Fragen von Übung 2 – am besten ohne die Geschichte noch einmal zu lesen.

Gabriel war mit seiner Mutter während der Sommerferien in dieses verschlafene kleine Dorf in der Nähe von München gezogen. Weg von Freunden, weg von Till. Beiden war der Abschied schwergefallen, aber Till hatte versprochen, ihn bald zu besuchen. „Bestimmt findest du in deiner neuen Schule auch viele Freunde!", hatte er gesagt.

Jetzt stand Gabriel vor der Tür der 4b, seiner neuen Klasse, und er war sich nicht sicher, ob er seine neuen Mitschüler überhaupt kennenlernen wollte. „Na, nun mach' doch nicht so ein Gesicht! Die 4b ist eine sehr nette Klasse, du wirst sehen", beruhigte ihn Frau Winter, die Rektorin. Schon hatte sie die Tür geöffnet und ihn hineingeschoben. Die 4b hatte gerade Kunst. Erst dachte Gabriel, die Klasse wäre ohne Lehrer, weil es drunter und drüber ging: Ein Schüler spritzte Farbe auf ein großes Plakat, während ein anderer mit den Fingern rote und gelbe Farbflecken auf seinem Bild vermischte. Zwei Mädchen stritten sich um einen Eimer mit blauer Farbe. Da sie sich nicht einigen konnten, rutschte er ihnen aus den Händen und fiel zu Boden. Beide heulten los. Zwei Jungs hatten sich Spachteln aus einer Kiste geholt und zogen damit Spuren in die feuchte Farbe auf einem riesigen Stück Papier, das auf dem Boden lag. Dazu drang laute Musik aus einem CD-Spieler. „Herzlich willkommen!", rief ein freundlicher Mann in Jeans mit roten Haaren und Nickelbrille. Er kam durch das Chaos auf Gabriel zu. „Na, das kann ja lustig werden!", dachte sich Gabriel und gab seinem neuen Lehrer die Hand.

2. Beantworte die Fragen.

a) Wo lebt Gabriel nach dem Umzug mit seiner Mutter? Kreuze an.

❏ In der Nähe von Minden   ❏ In der Nähe von München

b) Wie heißt Gabriels Freund?

❏ Till   ❏ Bill

c) Wie heißt die Rektorin an Gabriels neuer Schule?

❏ Frau Winder   ❏ Frau Winter

d) In welche Klasse kommt Gabriel nach seinem Umzug?

❏ 4b   ❏ 4d

e) Welches Fach hatte die Klasse gerade, als Gabriel kam?

❏ Kunst   ❏ Deutsch

f) Warum heulen zwei der Mädchen in der Klasse?

_____

_____

_____

g) Was denkt sich Gabriel, als er seinen neuen Lehrer sieht?

_____

_____

_____

29 Lesen üben II

Hier kannst du noch einmal üben, Fragen zu einem Text zu beantworten. Willst du aus einem Text die richtigen Informationen gewinnen, musst du ihn ganz genau lesen. Lies schwierige Sätze mehrmals und streiche dir wichtige Stellen farbig an.

1. Lies den Text aufmerksam durch. Beantworte anschließend die Fragen von Übung 2.

Vor 100 Jahren sah es in der Schule anders aus als heute. In einer Klasse waren bis zu 50 Schüler. Oft waren die Schulen so klein, dass es nur eine Klasse mit mehreren Jahrgängen gab.

Die Lehrer waren sehr streng. Verstöße gegen die Schulordnung wurden mit Schlägen bestraft. Der Lehrer durfte freche Schüler sogar mit dem Lineal oder einem Stock schlagen.

Zum Schreiben verwendeten die Schüler Griffel. Das ist eine besondere Art von Stift, mit dem auf Schiefertafeln geschrieben wurde. Schiefer ist eine Gesteinsart. Auch die Schulbänke sahen anders aus als heute. Sie waren fest mit einem Tisch verschraubt. In den höheren Klassen, wenn die Kinder schon mit dem Federhalter schreiben durften, war in der Tischplatte ein Tintenfass. Dort tauchten die Schüler ihre Federn ein, um zu schreiben.

Die Schulbücher mussten die Kinder selbst kaufen, doch nicht jeder konnte sich Bücher leisten.

Der Schulweg war für manche Schüler sehr lang. Busse gab es nicht. Die Kinder liefen oft viele Kilometer bis zur Schule und wieder nach Hause.

2. Beantworte die Fragen.

a) Kreuze die Wörter an, die im Text vorkommen.

- ☐ Schulbänke
- ☐ Schulweg
- ☐ Schultasche
- ☐ Schulordnung
- ☐ Schulbücher
- ☐ Schulbus

b) Welcher Satz steht im Text? Kreuze die richtige Lösung an.

- ☐ Das ist eine besondere Art von Stift, mit dem auf Schiebertafeln geschrieben wurde.
- ☐ Das ist eine besondere Art von Stift, mit dem auf Schiefertafeln geschrieben wurde.
- ☐ Das ist eine ganz besondere Art von Stift, mit dem auf Schiefertafeln geschrieben wurde.

c) Welcher Satz steht im Text? Kreuze die richtige Lösung an.

- ☐ Die Schüler liefen oft viele Kilometer bis zur Schule und wieder nach Hause.
- ☐ Die Kinder liefen oft viele Kilometer bis zur Schule und zurück nach Hause.
- ☐ Die Kinder liefen oft viele Kilometer bis zur Schule und wieder nach Hause.

d) Was ist Schiefer? Beantworte die Frage in einem ganzen Satz.

_____

_____

e) Womit schrieben die Kinder vor 100 Jahren in der Schule? Beantworte die Frage in zwei ganzen Sätzen.

_____

_____

_____

Test 1 – zu den Kapiteln 1 bis 5

1. Lies den Text aufmerksam durch. Ergänze, was die Personen jeweils sagen könnten. Schreibe auf die Zeilen.

Die Nachtwanderung

Endlich ging es los. Die Klasse 4d fuhr nach Neudorf in die Jugendherberge. Wie sehr hatte Susanna sich darauf gefreut. Sie jubelte:

_____

_____

Mit ihren besten Freundinnen Lena, Sophia und Anke sollte sie ein Zimmer teilen. Gleich am ersten Abend stand etwas Spannendes auf dem Programm: eine Nachtwanderung durch den Wald. Nach dem Abendessen trafen sich alle mit Herrn Wildeck, ihrem Wanderführer. Er sagte zur Begrüßung:

_____

_____

Susanna fühlte sich etwas mulmig bei dem Gedanken, im dunklen Wald herumzugehen. All die seltsamen Geräusche, die Tiere und die Dunkelheit. Sie hatte ganz feuchte Hände. Ihr Herz schlug schneller als sonst. Sie flüsterte ihrer Freundin Lena zu:

_____

_____

Als sie im Wald an einer Lichtung angekommen waren, sollten alle die mitgebrachten Taschenlampen ausschalten. Nur langsam gewöhnte sich Susanna an die Dunkelheit. Da! Plötzlich spürte sie einen kalten Lufthauch am Nacken und eine fürchterliche Stimme flüsterte ihr ins Ohr: „Der Waldgeist ist erwacht. Huhuhu!" Susanna erstarrte vor Angst. Doch dann hörte sie den Waldgeist hinter sich kichern. Felix, ein frecher Junge aus ihrer Klasse, hatte sich verraten. Susanna war stinksauer.

Am Ende versöhnten sie sich wieder mit einer Tasse heißer Schokolade in der Jugendherberge. Felix konnte auch ganz nett sein, wenn er nicht gerade Dummheiten im Kopf hatte.

/ 16

2. Wandle die Sätze in wörtliche Rede mit Redebegleitsatz um.

a) Tim fragt seinen Freund, ob er Lust hast, mit ihm ins Fußballstadion zu gehen.

b) Die Mutter bittet Klaus, den Fernseher auszuschalten.

/ 8

/ 24

Test 2 – zu den Kapiteln 6 bis 10

1. Schreibe die Wörter in der richtigen Groß- und Kleinschreibung auf die Zeilen.

a) SCHULARBEITEN _____

b) ZITRONENGELB _____

c) HITZEFREI _____

/ 4   d) AUSSCHLAFEN _____

2. Bilde zusammengesetzte Nomen. Ordne richtig zu. Schreibe dann die Lösungen mit dem bestimmten Artikel auf die Zeilen.

Ring   Fahrt   _____

Hunde   Finger   _____

Schiff   Ball   _____

Schnee   Tänzerin   _____

/ 5   Ballett   Leine   _____

3. Bilde zusammengesetzte Nomen. Achte dabei auf das Fugen-s. Schreibe die Lösungen mit dem bestimmten Artikel auf die Zeilen.

a) Verkehr + Schild _____

b) Essen + Rest _____

c) Wissen + Lücke _____

d) Frühling + Blume _____

/ 5   e) Frühstück + Ei _____

4. Brauchst du z oder tz? Ergänze die fehlenden Buchstaben.

a) die Ka____e   e) der Spa____

b) he____en   f) der Scha____

c) das Kreu____   g) die Ker____e

d) die Spi____e   h) das Her____   / 8

5. Hier sind alle Nomen falsch geschrieben. Schreibe sie richtig auf die Zeilen.

a) der Dib   _____

b) die Bine   _____

c) der Wiend   _____

d) das Riend   _____

e) die Wise   _____   / 5

6. Musst du h ergänzen oder nicht? Ergänze h, wo es notwendig ist. Die übrigen Lücken streichst du durch.

Am frü____en Morgen ste____t meine Mutter auf. Sie ge____t ins

Ba____dezimmer und putzt sich die Zä____ne. Dana____ch ge____t

sie in mein Zimmer und weckt mich. Nu____r schwe____r komme ich

aus dem Bett. Aber es muss wo____l sein. Ich habe nur eine halbe Stunde

Zeit fü____r das Frü____stück.   / 12

                                                                                         / 39

Test 3 – zu den Kapiteln 11 bis 15

1. Brauchst du aa, ee oder oo? Ergänze die Lücken. Bei c und e musst du zwei Lösungen finden.

a) die W____ge

b) die B____re

c) das B____t

d) der Schn____

e) das H____r

f) der S____

g) der T____r

h) l____r

/ 10

2. Brauchst du s, ss oder ß? Ergänze die Lücken.

Im Zoo i____t ein kleiner Ei____bär geboren. Er ist wei____ wie Schnee und fri____t noch kein Fleisch, sondern bekommt spezielle Milch. Die darf nicht zu hei____ sein.

Der Kleine ha____t seine Vitamintropfen, aber er mu____ sie nehmen. Wenn er gro____ ist, wird er so schwer wie ein kleine____ Auto sein. Aber noch i____t er eher ein Schmu____etier mit sü____en Knopfaugen. Aber Vor____icht! Die kleinen Zähnchen sind schon scharf wie Me____er. Wie wird der Kleine wohl hei____en?

/ 15

3. Fehlt hier x, ks oder chs? Kreuze die richtigen Lösungen an.

a) der O ? e ☐ chs ☐ ks ☐ x

b) das Ta ? i ☐ chs ☐ ks ☐ x

c) die Bü ? e ☐ chs ☐ ks ☐ x

d) wa ? en ☐ chs ☐ ks ☐ x

e) der Ke ? ☐ chs ☐ ks ☐ x

f) die He ? e ☐ chs ☐ ks ☐ x

/ 6

4. Bilde aus den Verben und Adjektiven plus den angegebenen Endungen sinnvolle Nomen. Schreibe sie mit dem bestimmten Artikel auf die Zeilen.

> ung   > heit   > keit   > nis

a) heiter _____

b) erlauben _____

c) befreien _____

d) schön _____

e) umarmen _____

f) dunkel _____

/ 6

5. Schreibe fünf Wörter aus der Wortfamilie **fahr** auf die Zeilen.

_____

_____

/ 5

/ 42

Test 4 – zu den Kapiteln 16 bis 20

1. Unterstreiche im Text alle Verben mit roter Farbe und alle Adjektive mit grüner Farbe.

   In Gerds Aquarium schwimmen bunte Fische. Sein kleinster Fisch ist rot und hat einen blauen Streifen. Auch schöne Wasserpflanzen besitzt er.
   Am lustigsten findet seine kleine Schwester Fanni das Schiffswrack aus Plastik.

   / 12

2. Verbinde die vorgegebenen Wörter und bilde daraus zusammengesetzte Nomen. Schreibe die Lösungen mit dem bestimmten Artikel auf die Zeilen.

   a) der Hund + die Hütte _____

   b) der Schnee + der Mann _____

   c) springen + der Brunnen _____

   d) blau + die Beere _____

   / 5 e) wandern + der Schuh _____

3. Zerlege die Wörter in ihre Einzelteile. Schreibe die Wortarten dieser Teile auf die Zeilen.

   a) zuckersüß = _____

   b) das Lagerfeuer = _____

   c) der Tiefflieger = _____

   d) hellblau = _____

   / 5 e) eiskalt = _____

4. Schreibe jeweils den Komparativ und Superlativ dieser Adjektive auf die Zeilen.

a) schnell _____

b) klein _____

c) heiß _____

d) viel _____

e) gut _____

f) hoch _____ / 6

5. Unterstreiche die Verben farbig und schreibe auf, in welcher Zeitstufe jeder Satz steht.

a) Jochen geht gern in den Zirkus. _____

b) Heute werden zwei lustige Clowns auftreten. _____

c) Verena hat die Vorstellung schon gesehen. _____

d) Sie fand den Abend ganz toll. _____

e) Sie wird auch das nächste Programm sehen. _____ / 10

6. Setze die Präsensformen ins Präteritum und ins Perfekt.

a) wir essen _____

b) er nimmt _____

c) ich bin _____ / 6

/ 44

Test 5 – zu den Kapiteln 21 bis 27

1. Auf welche Fragen antworten die Zeitangaben? Kreuze jeweils die richtige Lösung an.

a) um 15 Uhr ☐ Wie lange? ☐ Wann? ☐ Seit wann?

b) den ganzen Tag ☐ Wie lange? ☐ Wann? ☐ Seit wann?

c) seit Ostern ☐ Wie lange? ☐ Wann? ☐ Seit wann?

d) am Nachmittag ☐ Wie lange? ☐ Wann? ☐ Seit wann?

e) zwei Wochen ☐ Wie lange? ☐ Wann? ☐ Seit wann?

/ 5

2. Unterstreiche alle Ortsangaben farbig.

Heute kam ich nicht pünktlich zur Schule. Mein Wecker klingelte zu spät. Ich sprang sofort aus dem Bett. Der Bus war nicht mehr an der Haltestelle. Ich hatte ihn verpasst. Mit meinem Rad versuchte ich dann, doch noch rechtzeitig in der Schule zu sein, aber das hat nicht geklappt. Ich kam mit 20 Minuten Verspätung an.

/ 4

3. Unterstreiche in jedem Satz das Subjekt mit blauer Farbe und das Prädikat mit roter Farbe.

a) Der frühe Vogel fängt den Wurm.

b) Der Apfel fällt nicht weit vom Stamm.

c) Das Wasser steht ihr bis zum Hals.

d) Gerds Schwester mag die bunten Fische im Aquarium.

e) Steht das Fahrrad im Keller?

f) Die Lösung war richtig.

/ 6

4. Steht das farbig gedruckte Satzglied im Dativ oder im Akkusativ? Kreuze jeweils die richtige Lösung an.

a) Sabine sucht **ihre neuen Schuhe**.
   ☐ Dativ ☐ Akkusativ

b) Hans gibt **seiner Mutter** das Geschenk.
   ☐ Dativ ☐ Akkusativ

c) Sandra hilft **ihrer Schwester** bei den Aufgaben.
   ☐ Dativ ☐ Akkusativ

d) Die Lehrerin begrüßt **die Kinder**.
   ☐ Dativ ☐ Akkusativ

e) Jana schreibt **ihrer Oma** einen Ansichtskarte.
   ☐ Dativ ☐ Akkusativ

/ 5

5. Verbinde die beiden Sätze mit der Konjunktion **weil**. Schreibe die Lösungen auf die Zeilen.

a) Lene muss morgen nicht in die Schule. Es ist Sonntag.

_____

_____

b) Felix spart sein Taschengeld. Er möchte sich ein Fahrrad kaufen.

_____

_____

/ 6

/ 26

Test 6 – zu den Kapiteln 28 bis 29

1. Lies den Text aufmerksam durch. Beantworte anschließend die Fragen zum Text.

Schon im Mittelalter gingen einige Kinder in die Schule. Die Kinder der Adeligen wurden zu Hause von Privatlehrern unterrichtet. Als Ritter mussten die Jungen, wenn sie erwachsen waren, nicht nur mit dem Schwert umgehen, sondern auch lesen und schreiben. Ein Ritter musste der Dame seines Herzens Liebeslieder vorsingen können. So lernten die Söhne der Ritter singen. Die Mädchen wurden ebenfalls unterrichtet. Sie lasen vor allem die Bibel.

Arme Kinder gingen nicht zur Schule. Ihre Eltern konnten es sich nicht leisten, den Unterricht zu bezahlen. Die einzige Möglichkeit für diese Kinder, eine Schule zu besuchen, war das Kloster. Ihre Eltern vertrauten sie den Mönchen an. Die Kinder wuchsen getrennt von ihren Familien im Kloster auf und wurden dafür im Lesen, Schreiben und in der Heilkunst unterrichtet.

Der Buchdruck wurde erst 1450 erfunden. Bis dahin wurden alle Bücher mit der Hand geschrieben. Die Klöster brauchten also dringend Schreiber. Die wichtigste Sprache, die die Kinder in den Klosterschulen lernten, war Latein. Die Bibel und andere bedeutende Bücher gab es damals nur in dieser Sprache. Die meisten Kinder lernten jedoch nie lesen und schreiben.

2. Wie oft kommt im Text von Übung 1 das Wort **Schule** vor? Kreuze an.

☐ fünf Mal   ☐ drei Mal

/ 1

3. Welcher Satz kommt im Text vor? Kreuze an.

   ☐ Als Renner mussten die Jungen, wenn sie erwachsen waren, nicht nur mit dem Schwert umgehen, sondern auch lesen und schreiben.
   ☐ Als Ritter mussten die Jungen, wenn sie erwachsen waren, nicht nur mit dem Schwert umgehen, sondern auch lesen und schreiben.
   ☐ Als Ritter mussten die Jungen, wenn sie erwachsen waren, nicht nur mit dem Schwert umgehen, sondern auch schreiben und lesen.

   / 1

4. Warum konnten die Kinder armer Eltern nicht in die Schule gehen? Antworte in einem Satz.

   _____
   _____

   / 3

5. Wo konnten die Kinder armer Eltern trotzdem etwas lernen – und in welchen Fächern wurden sie dort unterrichtet?

   _____
   _____
   _____

   / 6

6. Warum brauchten die Klöster im Mittelalter dringend Schreiber? Antworte in zwei ganzen Sätzen.

   _____
   _____
   _____
   _____

   / 6

   / 17

Lösungen

1 Abwechslungsreiche Satzanfänge

1. Anfang: Am Anfang, Zu Beginn, Zuerst
   Mitte: Später, Anschließend, Plötzlich, Dann, Danach
   Ende: Zum Schluss, Am Ende, Schließlich

2. Am Wochenende war ich im Schwimmbad. Zuerst bezahlte ich das Eintrittsgeld an der Kasse. Dann zog ich schnell meinen Badeanzug an. Danach duschte ich. Schließlich hüpfte ich ins Schwimmbecken.

3. a) Nudeln esse ich gern.
   b) Rüben mag ich nicht.
   c) In den Ferien fahre ich an die Nordsee.
   d) Darauf freue ich mich schon sehr.

2 Wörtliche Rede

1. „Welchen Lutscher willst du haben?"
   „Schieß doch endlich!"
   „Luna ist ein braver Hund."

2. Horst kommt in eine neue Klasse. „Wie heißt du?", fragt die Lehrerin. Er nennt seinen Namen. „Du kannst neben mir sitzen", sagt Anne. Horst bedankt sich: „Danke, das ist nett von dir." „In der Pause zeige ich dir alles", bietet Karl an. „Gern, ich bin schon gespannt auf meine neue Schule!", sagt Horst.

3. a) Die Lehrerin fragt: „Wer hat das Heft vergessen?"
   b) Sabine erzählt: „In den Ferien war ich auf einer Insel."
   c) Der Hausmeister ermahnt Tim: „Schließ die Tür!"
   d) Klaus bittet Julia: „Gib mir bitte die Butter!"

3 Gefühle und Gedanken ausdrücken

1. a) fröhlich
   b) erschrocken
   c) wütend
   d) traurig

2. Diese Ausdrücke musst du farbig einkreisen:
   am ganzen Körper zittern, wie erstarrt sein, vor Schreck kein Wort herausbringen, einen Schrei ausstoßen

3. Es ist immer noch Gleichstand. Nun muss das Spiel durch ein Elfmeterschießen entschieden werden. Jetzt ist Ulf an der Reihe. Ulfs Knie zittern vor Aufregung: „Hoffentlich treffe ich!" Er nimmt Anlauf, schießt rechts oben in die Ecke und trifft! Ulf ist überglücklich: „Juhu! Wir haben gewonnen!"

zu den Seiten **78**

4 Der Höhepunkt einer Geschichte

12 **1.** Die Sätze, die du unterstreichen sollst, sind hier fett gedruckt:
Auf der Rodelbahn
Endlich hatte es geschneit. Die Kinder der Klasse 4d freuten sich riesig, denn ihre Lehrerin hatte ihnen einen Ausflug zum Rodelberg versprochen. Also zogen sie am nächsten Morgen mit ihren Schlitten los.
Peter und Sophie wollten zusammen auf einem Schlitten sitzen. Am Tag zuvor hatten sie eine Sprungschanze am Schlittenberg entdeckt. Endlich kamen sie an. Es konnte losgehen. Peter saß vorn und steuerte den Schlitten. Sophie hielt sich gut an ihm fest. **Immer schneller wurde die Fahrt. Die Schanze kam immer näher. Sie machten einen Sprung, doch bei der Landung verlor Peter die Kontrolle über den Schlitten. Kinder sprangen zur Seite. Die beiden Rodler schossen ungebremst in einen Schneehaufen.** Der Schlitten brach auseinander.
Zum Glück war Sophie und Peter nichts passiert. Die Sprungschanze wurde für den Rest des Tages gesperrt.

13 **2.** Lösungsvorschlag:
a) Am Tag zuvor hatten sie eine große Sprungschanze am Schlittenberg entdeckt.
b) Sie machten einen weiten Sprung, doch bei der Landung verlor Peter die Kontrolle über den Schlitten.
c) Die beiden Rodler schossen ungebremst in einen riesigen Schneehaufen.

3. Lösungsvorschlag:
a) Die Kinder der Klasse 4d freuten sich riesig: „Super, ein ganzer Tag ohne Unterricht! Das wird ein Riesenspaß am Rodelberg!"
b) Sie machten einen Sprung, doch bei der Landung verlor Peter die Kontrolle über den Schlitten. „Achtung! Aus der Bahn! Ich kann den Schlitten nicht mehr lenken!", rief er laut.
c) Die beiden Rodler schossen ungebremst in einen Schneehaufen. Der Schlitten brach auseinander. Sophie jammerte: „Mein schöner Schlitten! Den hab ich doch erst letzte Woche geschenkt bekommen."
d) Zum Glück war Sophie und Peter nichts passiert. Die Lehrerin meinte erleichtert: „Ich bin sehr froh, dass euch beiden nichts passiert ist!"

5 Groß- und Kleinschreibung

14 **1.** a) Oma liegt in ihrem Bett und schläft.
b) Kerstin und Kathrin singen laute Lieder.
c) Ich freue mich, Ihre Bekanntschaft zu machen.
d) Tragt bitte die leeren Wasserflaschen in den Keller!

15 **2.** a) Hühnersuppe   Nomen
b) klein   Adjektiv
c) Sommer   Nomen
d) glücklich   Adjektiv
e) bewegen   Verb
f) Bewegung   Nomen

3. Gestern gingen mein Bruder und ich ins Kino. Wir wollten den Film „Die Schatzinsel" sehen. Die Frau an der Kasse war sehr freundlich. Wir kauften zwei Eintrittskarten und setzten uns in die letzte Reihe.

79 *zu den Seiten*

6 Zusammengesetzte Nomen

1. a) der Kugelschreiber
b) der Blumentopf (oder: die Topfpflanze)
c) der Papierkorb
d) der Eisbär

16

2. die Räuberhöhle, der Tannenwald, der Fliegenpilz, die Polizeiuniform, die Schatzkiste

17

3. a) der Honig + das Glas = das Honigglas
b) das Ohr + der Ring = der Ohrring
c) der Stoff + der Fetzen = der Stofffetzen
d) die Hand + das Tuch = das Handtuch

4. a) das Frühstücksei
b) der Urlaubstag
c) die Bahnhofsuhr
d) die Geburtstagsfeier

7 Wörter mit tz

1. a) SCHUTZ
b) NÜTZLICH
c) GESETZ
d) SPITZE
e) KITZELN
f) SETZEN
g) SCHATZ

18

2. Blitz, flitzen, Gesetz, Kratzbürste, plötzlich, Schmutzfink, sitzen, witzig

19

3. a) Nut-zen
b) an-spit-zen
c) be-nut-zen
d) Sprit-ze
e) Kratz-bürs-te

4. a) der Pilz
b) die Kerze
c) die Mütze
d) der Blitz
e) die Pflanze
f) der Zucker
g) die Prinzessin
h) der Spatz

zu den Seiten **80**

8 Wörter mit ie

20 1.
```
W S O P R C Y S M D
S X L I E B E F E B
P V Z L M Q S D O V
I G X B R I E F P W
E J T F E Z W I L R
G V I E L A R E K T
E T E H O I T B Z U
L A F K L N I E G B
B D S D F H B R D X
W I E G E N E B C S
```

2. a) die Fliege
    b) die Biene
    c) die Ziege

21 3. a) siegen – liegen – wiegen – fliegen
        b) schließen – gießen – fließen – schießen
        c) schief – Brief – er rief – sie schlief
        d) Knie – nie – wie – sie

    4. a) ich schlief – er schlief – wir schliefen
        b) ich stieß – er stieß – wir stießen
        c) ich blieb – er blieb – wir blieben
        d) ich ließ – er ließ – wir ließen

9 Wörter mit V und v

22 1. a) die Verkäuferin
        b) vergessen
        c) die Vorsicht
        d) verlieren
        e) der Vertrag / der Vortrag
        f) der Vorsprung
        g) verschieden
        h) der Vorteil

    2. Mein Vater sollte vorletzte Woche in meiner Klasse einen Vortrag über Vögel halten. Dafür wollte er einen freien Vogel fangen. Mein Bruder Valentin war verzweifelt. „Warum hältst du keinen Vortrag über Klaviere oder Vulkane?", fragte er.

23 3. waagrecht: voll, vier, vollständig, Verbot, Vogel, Vase, Verein, versuchen, Verbrennung
        senkrecht: verbrauchen, verbrennen, verbieten, verlieren, Vorfahrt, Verpackung, Verkehr, Vater, verschmutzen, vorsichtig, verletzen, vielleicht, vergessen

10 Wörter mit Dehungs-h

1. Die Reimwortpaare sind:
   Kuh – Schuh, froh – Stroh, Verkehr – sehr, Zahn – Bahn

2. a) ungefähr
   b) der Stuhl / der Stahl
   c) die Höhle
   d) ohne
   e) ehrlich

3. befahren, das Fahrrad, anfahren, der Fahrstuhl, die Fahrbahn, das Fahrzeug

4. a) 5 Wörter: zählen – verzählen – abzählen – aufzählen – erzählen
   b) 7 Wörter: bohren – verstehen – sehen – zahlen – dehnen – fühlen – stehlen

5. Gabi bekam zu ihrem Geburtstag einen kleinen Hund geschenkt. Sie brachte ihm ein kleines Kunststück bei. Am nächsten Tag durfte sie ihn mit in die Schule nehmen. Dort zeigte sie den Hund ihren Freundinnen.

11 Wörter mit Doppelvokal

1. Die Doppelvokale sind hier fett gedruckt:
   der **Aa**l, die B**ee**re, das B**oo**t, der Kaff**ee**, das M**ee**r, das P**aa**r, der Schn**ee**, der T**ee**r

2. a) das Boot / das Beet
   b) der Klee
   c) der Tee
   d) der Saal
   e) der See
   f) das Moos
   g) das Paar
   h) leer

3. a) das Haar
   b) der Zoo
   c) das Moos
   d) das Aas
   e) die Waage
   f) die Fee
   g) der Klee

4. a) Im Sommer können wir auf dem See mit einem Tretboot fahren.
   b) Das ist eine tolle Idee!
   c) Zum Frühstück trinke ich immer Pfefferminztee.
   d) Oma hat eine Kreuzfahrt im Mittelmeer gemacht. Dabei wurde sie seekrank.

12 Wörter mit s – ss – ß

1. Fass, Fuß, Floß, Käse, Rose, Sessel, Hase, Tasse

2. a) der Käse, die Rose, der Hase
   b) das Fass, der Sessel, die Tasse
   c) der Fuß, das Floß

3. er weiß – er wusste, ich grüße – ich grüßte, sie misst – sie maß, es fließt – es floss, er stößt – er stieß, sie isst – sie aß

4. Peters Mutter hat heute Geburtstag. Beinahe hätte er ihn vergessen. Gerade noch rechtzeitig besorgt er einen schönen Blumenstrauß. Seine Mutter stellt ihn in eine Vase. Der Tisch ist schon gedeckt. Es gibt Nusskuchen. Peter nimmt sich ein großes Stück.

zu den Seiten 82

13 Wörter mit x – ks – chs

30 1. Axt, boxen, extra, Hexe, kraxeln, mixen, Nixe, Taxi, Text

2. Diese Schreibungen sind richtig:
   a) der Fuchs
   b) verwechseln
   c) links
   d) die Büchse

31 3. Diese Lösungen sind richtig:
   anwachsen, aufwachsen, auswachsen, einwachsen, verwachsen
   abwechseln, auswechseln, einwechseln, verwechseln

4. Vorgestern fuhr der Taxifahrer Max durch die Straßen. Er sollte einen Boxer abholen. Plötzlich merkte er, dass er die Adresse verwechselt hatte. „Verflixt! Das ist aber keine Boxhalle!", dachte er sich. Auch wenn er schlau war wie ein Luchs, musste er jetzt die Zentrale anrufen und nach dem Weg fragen. „Lass dir keine grauen Haare wachsen, Max, das kann jedem mal passieren!", sagte die Dame aus der Taxizentrale.

14 Nomen bilden

32 1. die Einladung, die Schönheit, die Planung, die Möglichkeit, die Seltenheit, das Geheimnis, das Erlebnis, das Ereignis, die Gemeinsamkeit, die Helligkeit, die Heiterkeit, die Erlaubnis, die Verschmutzung, die Dunkelheit

33 2. a) Ich frage meine Mutter um Erlaubnis.
   b) Robinson Crusoe lebte in der Einsamkeit auf einer Insel.
   c) Dort drüben ist eine Unterführung für Fußgänger.
   d) Uysal schreibt eine Einladung zu seiner Party.
   e) „Blöde Kuh" ist eine schlimme Beleidigung.
   f) Mutter liest gern in der Zeitung.

3. Vorführung, Erlaubnis, Übernachtung, Überraschung, Süßigkeit, Belohnung, Erzählung, Erlebnissen, Leistung, Bewunderung.

15 Wortfamilie und Wortfeld

34 1. Diese Wörter gehören jeweils zu einer Wortfamilie:
   Versicherung, absichern, sicher, sicherlich
   einfangen, fangen, Gefängnis, Fänger
   Anlauf, laufen, weitläufig, Langläufer

2. Diese Wörter gehören zur Wortfamilie; der Wortstamm ist hier fett gedruckt:
   Decke, ab**deck**en, zu**deck**en, ver**deck**t, **Deck**farbe, Bett**deck**e, **Deck**ung, ent**deck**en

35 3. Diese Wörter musst du farbig unterstreichen:
   FRAGEN, FLÜSTERN, BRÜLLEN, STOTTERN, ERZÄHLEN, MURMELN

4. Wortfamilie: Gehstock, Spaziergang, Gehweg, weggehen
   Wortfeld: schleichen, humpeln, schlendern, schreiten

16 Wortarten

1. a) Nomen
   b) Nomen
   c) Pronomen
   d) Adjektiv
   e) Verb

2. Artikel: der, eine, das, die, dem
   Nomen: Hund, Lehrerin, Turnschuh, Regen, Klaus
   Adjektiv: freundlich, rund, dick, flauschig, klein
   Pronomen: es, du, seine, mein, sie
   Verb: riechen, essen, sehen, leiden, klatschen

17 Neue Wörter bilden

1. a) das Fahrrad
   b) der Messbecher
   c) der Wanderschuh
   d) der Treffpunkt
   e) der Schlusspfiff
   f) das Blaulicht
   g) der Regenschirm
   h) die Bratpfanne

2. a) der Ring + der Finger
   b) das Haus + hoch
   c) die Feder + leicht
   d) der Gang + die Schaltung
   e) das Lager + das Feuer
   f) tief + der Flieger

3. Lösungsvorschlag:
   Gestern waren wir am See. Das Wasser war eiskalt. Trotzdem bin ich todesmutig hineingesprungen und blitzschnell durch den riesengroßen See geschwommen.

4. a) Verb + Nomen
   b) Nomen + Adjektiv
   c) Nomen + Nomen
   d) Verb + Nomen

18 Vergleiche mit Adjektiven

1. a) mutig – mutiger – am mutigsten
   b) klein – kleiner – am kleinsten
   c) schön – schöner – am schönsten
   d) billig – billiger – am billigsten

2. a) teuer – teurer – am teuersten
   b) hoch – höher – am höchsten
   c) gut – besser – am besten
   d) viel – mehr – am meisten

3. a) Die Bananen sind teurer als die Äpfel.
   b) Das Auto ist teurer als das Fahrrad.
   c) Die Geige ist billiger als das Klavier.

19 Präsens, Präteritum und Perfekt

1. Die Formen musst du ankreuzen:
   sie tanzte, ihr legtet, du flogst, er log, sie lag

2. a) es wehte
   b) wir lachten
   c) sie flog
   d) ich drehte
   e) sie sangen

3. a) Peter ist gern Rad gefahren.
   b) Am Abend sind wir immer früh ins Bett gegangen.
   c) Stephanie hat beim Sportfest eine Medaille gewonnen.

4. a) Ich habe Nudeln gekocht.
   b) Er gewann das Spiel.
   c) Wir lachen über den Witz.
   d) Oma hat ihre Brille gesucht.
   e) Er sah fern.

20 Futur

1. Die Verben, die du unterstreichen sollst, sind hier fett gedruckt:
   Wenn ich groß bin, **werde** ich Profireiterin **sein**. Ich **werde** viel **reisen**. Mit meinem Pferd **werde** ich auf große Turniere **gehen**. Ich **werde** viele Preise **gewinnen**. Wenn alles gut geht, **werde** ich viel Geld **verdienen**. Dann **werde** ich mir viel **leisten**: ein großes Haus, viele schöne Dinge und einen Pool im Garten. Ich **werde** auch meine Pferde gut **pflegen**. Wenn die Pferde krank sind, **werde** ich einen guten Tierarzt **holen**. Mein Lieblingspferd **wird** „Fury" **heißen**. Sein Stall **wird** direkt neben meinem Schlafzimmer **liegen**. Das **wird** ein schönes Leben **werden**! Ihr **werdet** schon **sehen**!

2. a) du wirst nehmen   c) ihr werdet wollen
   b) er wird geben   d) sie werden abreisen

3. a) ich werde lesen   c) sie wird sehen
   b) du wirst sein   d) es wird schneien

4. a) Er wird ein Geschenk mitbringen.
   b) Sie werden nach Hamburg umziehen.

21 Zeitangaben

1. a) Frage: Wann holt Opa mich ab? — Antwort: Am Nachmittag.
   b) Frage: Wie lange waren wir beim Skifahren? — Antwort: Zwei Wochen.
   c) Frage: Seit wann lebt er in Köln? — Antwort: Seit drei Jahren.
   d) Frage: Wann geht Klaus schlafen? — Antwort: Früh.
   e) Frage: Wie lange dauerte die Fahrt? — Antwort: 30 Minuten.
   f) Frage: Wann fangen die Ferien an? — Antwort: In einer Woche.

2. Lösungsvorschläge:
   a) Gestern machten wir einen Ausflug in den Zoo.
   b) Ich gehe am Freitag zum Schwimmen.
   c) Im Winter schneit es oft.
   d) Am Nachmittag darf ich eine Stunde fernsehen.
   e) Man soll jeden Morgen und jeden Abend die Zähne putzen.

22 Ortsangaben

1. a) Das Buch liegt unter dem Stuhl.
   b) Das T-Shirt hängt am Schrank.
   c) Die Schultasche steht hinter der Tür.
   d) Der Teddy liegt auf dem Bett.
   e) Der Stift liegt auf dem Tisch.

2. a) Frage: Wohin fahren wir? — Antwort: Nach Hause.
   b) Frage: Wo warte ich auf dich? — Antwort: Vor dem Kino.
   c) Frage: Woher kommt Tim um 13 Uhr? — Antwort: Aus der Schule.
   d) Frage: Wo geht Opa spazieren? — Antwort: Im Wald.

23 Die vier Fälle des Nomens I

1. a) Wer oder was arbeitet schon lange als Detektiv?
   b) Wer oder was ist oft sehr schwierig?
   c) Wessen Telefonnummer sucht Frau Berger?
   d) Wem fehlen seit dem Einbruch teure Münzen?
   e) Wem ist Herr Casimir dicht auf den Fersen?
   f) Wen oder was hat der Detektiv in Verdacht?
   g) Wen oder was gesteht Ede schließlich?

2. Die Wörter, die du unterstreichen sollst, sind hier fett gedruckt:
   a) **Herr Casimir** hat schon einmal eine Diebesbande gefasst. **Die Belohnung** war sehr hoch.
   b) In **Familie Bergers** Haus wurde eingebrochen. Zum Glück ist **Peters** Fußballpokal noch da. **Frau Bergers** teurer Schmuck wurde jedoch gestohlen.
   c) **Dem Finder** soll eine Belohnung gezahlt werden.
   d) Herr Casimir kann **den Dieb** überführen. Der Detektiv hat **den Fall** schnell gelöst.

24 Die vier Fälle des Nomens II

52   *1.*   a) Wer oder was springt gerade vom Brett?
         b) Wessen Badetuch liegt am Boden?
         c) Wem ist das Wasser viel zu kalt?
         d) Wen oder was bespritzt Paul gerade mit Wasser?
         e) Wer oder was liegt denn da unter dem Stuhl?

     2.   a) Wem erklärt der Bademeister die Regeln im Schwimmbad?
         b) Wer oder was ist im Schwimmverein?
         c) Wessen Schwimmbrille ist verloren gegangen?
         d) Wen oder was sucht Sven überall?

53   *3.*   a) Der Junge rutscht auf dem nassen Hallenboden aus.
         b) Das Knie des Jungen blutet.
         c) Der Bademeister verarztet den Jungen.
         d) Er verbindet dem Jungen die Wunde.

     4.   a) Nominativ
         b) Akkusativ
         c) Genitiv
         d) Akkusativ

25 Subjekt und Prädikat

54   *1.*   Die Subjekte sind hier fett gedruckt:
         a) **Sabine** hat den Blumentopf umgeworfen.
         b) **Stefan** hat die Tafel bemalt.
         c) **Paul** hat den Stuhl umgeworfen.
         d) Die Trinkflasche hat **Ariana** ausgeschüttet.
         e) Aus Wut hat **Eva** das Blatt zerrissen.

     2.   Der Pilot steuert die Maschine.
         Die Stewardess serviert den Gästen Getränke.
         Der Mechaniker repariert das Flugzeug.
         Der Fluglotse gibt das Signal „Start frei".
         Der Passagier macht es sich im Sitz bequem.

55   *3.*   Wer bin ich? Ich hänge am Baum. Zuerst habe ich weiße Blüten, dann verwandle ich mich in eine rote Frucht. Kinder essen mich gern. Meine Kerne spucken sie um die Wette.
         Lösung: die Kirsche

     4.   Die Subjekte sind hier fett gedruckt, die Prädikate sind unterstrichen:
         Der Ausflug <u>beginnt</u>. **Familie Frick** <u>fährt</u> mit dem Bus in den Zoo. **Die Sonne** <u>scheint</u> vom Himmel. **Vater** <u>kauft</u> den Kindern ein Eis. Nur **Sabine** <u>will</u> lieber eine Limo. **Sie** <u>schwitzt</u>. Nun <u>gehen</u> **alle** zu den Eisbären. **Das Eisbärenbaby** <u>ist</u> so süß.

26 Objekte im Dativ und im Akkusativ

1. a) nein
   b) ja
   c) nein
   d) ja

2. Die Dativobjekte sind hier fett gedruckt:
   a) Annemarie hilft **ihrer Schwester Lisa** bei den Aufgaben.
   b) Lisa hört **ihrer Schwester** zu.
   c) Die Mutter backt **den Kindern** einen Kuchen.
   d) Sie bringt **den beiden** den Kuchen ins Kinderzimmer.

3. a) Die Heimmannschaft verliert das Spiel.
   b) Die Prinzessin küsst den Prinzen.
   c) Stefan repariert den Zaun.
   d) Johanna besucht den Nachbarn.

4. a) Wem bringt der Nikolaus Geschenke?
   b) Wen lobt die Lehrerin?
   c) Was hält die Mutter in der Hand?
   d) Wem hilft der Bademeister?
   e) Was verkauft der Bäcker?

5. Die Dativobjekte sind hier fett gedruckt, die Akkusativobjekte sind unterstrichen:
   Die Kinder besuchen ein Museum. Der Eintritt ist nicht teuer. Peter holt seine Geldbörse heraus. Er bezahlt für alle. Eine Frau erzählt **den Kindern** interessante Dinge. Peter hört **ihr** zu. Sie zeigt **ihnen** auch schöne Bilder. Am Ende bedanken sich die Kinder herzlich bei **der netten Dame**.

27 Konjunktionen

1. a) Rosi übt Mathe, denn sie kann nicht so gut rechnen.
   b) Ich dusche mich, bevor ich ins Schwimmbecken springe.
   c) Er weiß ganz genau, dass ich keine Zeit habe.
   d) Morgen ist schulfrei, deshalb dürfen wir länger aufbleiben.
   e) Klaus geht früh schlafen, denn er muss morgen schon um sechs Uhr aufstehen.

2. a) Katzen fressen Mäuse, deshalb sind sie nützliche Tiere.
   b) Susi ist sehr gut in Mathe, aber / doch in Deutsch hat sie nur eine Vier.
   c) Wir spielen heute im Wohnzimmer, denn draußen regnet es / weil es draußen regnet.
   d) Verena sieht fern, obwohl ihre Mutter es verboten hat.
   e) Ich weiß, dass ich noch viel üben muss.
   f) Sie ist noch zu klein, deshalb / daher / darum darf sie nur mit ihrer Mutter ins Kino.

28 Lesen üben I

60 **1.** Bei dieser Übung sollst du den Text aufmerksam durchlesen.

61 **2.** *a)* In der Nähe von München
b) Till
c) Frau Winter
d) 4b
e) Kunst
f) Die Mädchen heulen, weil der Farbeimer, um den sie sich gestritten haben, auf den Boden gefallen ist.
g) Gabriel denkt sich: „Na, das kann ja lustig werden!"

29 Lesen üben II

62 **1.** Bei dieser Übung sollst du den Text aufmerksam durchlesen.

63 **2.** *a)* Schulbänke, Schulweg, Schulordnung, Schulbücher
b) Das ist eine besondere Art von Stift, mit dem auf Schiefertafeln geschrieben wurde.
c) Die Kinder liefen oft viele Kilometer bis zur Schule und wieder nach Hause.
d) Schiefer ist eine Gesteinsart.
e) Die Kinder schrieben mit Griffeln. In den höheren Klassen schrieben sie mit Feder und Tinte.

Lösungen zu den Tests

Test 1 – zu den Kapiteln 1 bis 5

1. Lösungsvorschlag, hier fett hervorgehoben
Endlich ging es los. Die Klasse 4d fuhr nach Neudorf in die Jugendherberge. Wie sehr hatte Susanna sich darauf gefreut. Sie jubelte: **„Hurra! Endlich geht es los! Das wird ein Spaß!"**
Mit ihren besten Freundinnen Lena, Sophia und Anke sollte sie ein Zimmer teilen. Gleich am ersten Abend stand etwas Spannendes auf dem Programm: eine Nachtwanderung durch den Wald. Nach dem Abendessen trafen sich alle mit Herrn Wildeck, ihrem Wanderführer. Er sagte zur Begrüßung: **„Herzlich willkommen in Neudorf! Ich freue mich, dass ihr gekommen seid. Und jetzt starten wir gleich zu unserer Nachtwanderung."**
Susanna fühlte sich etwas mulmig bei dem Gedanken, im dunklen Wald herumzugehen. All die seltsamen Geräusche, die Tiere und die Dunkelheit. Sie hatte ganz feuchte Hände. Ihr Herz schlug schneller als sonst. Sie flüsterte ihrer Freundin Lena zu: **„Bleib bitte in meiner Nähe! Das ist so gruselig im Dunkeln. Ich habe Angst!"**
Als sie im Wald an einer Lichtung angekommen waren, sollten alle die mitgebrachten Taschenlampen ausschalten. Nur langsam gewöhnte sich Susanna an die Dunkelheit. Da! Plötzlich spürte sie einen kalten Lufthauch am Nacken und eine fürchterliche Stimme flüsterte ihr ins Ohr: „Der Waldgeist ist erwacht. Huhuhu!" Susanna erstarrte vor Angst. Doch dann hörte sie den Waldgeist hinter sich kichern. Felix, ein frecher Junge aus ihrer Klasse, hatte sich verraten. Susanna war stinksauer. **„Du bist blöd!"**, schimpfte sie. **„Wie kannst du mich bloß so erschrecken!"**
Am Ende versöhnten sie sich wieder mit einer Tasse heißer Schokolade in der Jugendherberge. Felix konnte auch ganz nett sein, wenn er nicht gerade Dummheiten im Kopf hatte.

2. a) Tim fragt seinen Freund: „Hast du Lust, mit mir ins Fußballstadion zu gehen?"
   b) Die Mutter sagt zu Klaus: „Schalte bitte den Fernseher aus!"

Punktzahl:	24–22	21–19	18–16	15–13	12–10	9–0
Note:	1	2	3	4	5	6

Test 2 – zu den Kapiteln 6 bis 10

1. a) Schularbeiten
   b) zitronengelb
   c) hitzefrei
   d) ausschlafen

2. der Ringfinger, die Hundeleine, die Schifffahrt, der Scheeball, die Balletttänzerin

3. a) das Verkehrsschild
   b) der Essensrest
   c) die Wissenslücke
   d) die Frühlingsblume
   e) das Frühstücksei

4. a) die Katze
   b) hetzen
   c) das Kreuz
   d) die Spitze
   e) der Spatz
   f) der Schatz
   g) die Kerze
   h) das Herz

5. a) der Dieb
   b) die Biene
   c) der Wind
   d) das Rind
   e) die Wiese

6. Am frühen Morgen steht meine Mutter auf. Sie geht ins Badezimmer und putzt sich die Zähne. Danach geht sie in mein Zimmer und weckt mich. Nur schwer komme ich aus dem Bett. Aber es muss wohl sein. Ich habe nur eine halbe Stunde Zeit für das Frühstück.

Punktzahl:	39–35	34–30	29–25	24–20	19–15	14–0
Note:	1	2	3	4	5	6

Test 3 – zu den Kapiteln 11 bis 15

1. a) die Waage
    b) die Beere
    c) das Beet – das Boot
    d) der Schnee
    e) das Haar – das Heer
    f) der See
    g) der Teer
    h) leer

2. Im Zoo ist ein kleiner Eisbär geboren. Er ist weiß wie Schnee und frisst noch kein Fleisch, sondern bekommt spezielle Milch. Die darf nicht zu heiß sein. Der Kleine hasst seine Vitamintropfen, aber er muss sie nehmen. Wenn er groß ist, wird er so schwer wie ein kleines Auto sein. Aber noch ist er eher ein Schmusetier mit süßen Knopfaugen. Aber Vorsicht! Die kleinen Zähnchen sind schon scharf wie Messer. Wie wird der Kleine wohl heißen?

3. a) der Ochse
    b) das Taxi
    c) die Büchse
    d) wachsen
    e) der Keks
    f) die Hexe

4. a) die Heiterkeit
    b) die Erlaubnis
    c) die Befreiung
    d) die Schönheit
    e) die Umarmung
    f) die Dunkelheit

5. Lösungsvorschläge:
    fahren, Fahrbahn, gefährlich, Gefahr, befahren, Fähre, Fahrzeug, Zufahrt, Einfahrt, Rückfahrt

Punktzahl:	42–37	36–31	30–25	24–19	18–13	12–0
Note:	1	2	3	4	5	6

Test 4 – zu den Kapiteln 16 bis 20

1. Die Verben sind hier fett gedruckt, die Adjektive sind unterstrichen:
In Gerds Aquarium **schwimmen** bunte Fische. Sein kleinster Fisch **ist** rot und **hat** einen blauen Streifen. Auch schöne Wasserpflanzen **besitzt** er. Am lustigsten **findet** seine kleine Schwester Fanni das Schiffswrack aus Plastik.

2.
a) die Hundehütte
b) der Schneemann
c) der Springbrunnen
d) die Blaubeere
e) der Wanderschuh

3.
a) Nomen + Adjektiv
b) Nomen + Nomen
c) Adjektiv + Nomen
d) Adjektiv + Adjektiv
e) Nomen + Adjektiv

4.
a) schnell – schneller – am schnellsten
b) klein – kleiner – am kleinsten
c) heiß – heißer – am heißesten
d) viel – mehr – am meisten
e) gut – besser – am besten
f) hoch – höher – am höchsten

5. Die Verben sind hier fett gedruckt:
a) Jochen **geht** gern in den Zirkus. Präsens
b) Heute **werden** zwei lustige Clowns **auftreten**. Futur
c) Verena **hat** die Vorstellung schon **gesehen**. Perfekt
d) Sie **fand** den Abend ganz toll. Präteritum
e) Sie **wird** auch das nächste Programm **sehen**. Futur

6.
a) wir essen – wir aßen – wir haben gegessen
b) er nimmt – er nahm – er hat genommen
c) ich bin – ich war – ich bin gewesen

Punktzahl:	44–39	38–33	32–27	26–21	20–15	14–0
Note:	1	2	3	4	5	6

Test 5 – zu den Kapiteln 21 bis 27

1. a) Wann?
   b) Wie lange?
   c) Seit wann?
   d) Wann?
   e) Wie lange?

2. Die Ortsangaben sind hier fett gedruckt:
   Heute kam ich nicht pünktlich **zur Schule**. Mein Wecker klingelte zu spät. Ich sprang sofort **aus dem Bett**. Der Bus war nicht mehr **an der Haltestelle**. Ich hatte ihn verpasst. Mit meinem Rad versuchte ich dann, doch noch rechtzeitig **in der Schule** zu sein, aber das hat nicht geklappt. Ich kam mit 20 Minuten Verspätung an.

3. Die Subjekte sind hier fett gedruckt, die Prädikate sind unterstrichen:
   a) **Der frühe Vogel** fängt den Wurm.
   b) **Der Apfel** fällt nicht weit vom Stamm.
   c) **Das Wasser** steht ihr bis zum Hals.
   d) **Gerds Schwester** mag die bunten Fische im Aquarium.
   e) Steht **das Fahrrad** im Keller?
   f) **Die Lösung** war richtig.

4. a) Akkusativ   b) Dativ   c) Dativ   d) Akkusativ   e) Dativ

5. a) Lene muss morgen nicht in die Schule, weil Sonntag ist.
   b) Felix spart sein Taschengeld, weil er sich ein Fahrrad kaufen möchte.

Punktzahl:	26–24	23–21	20–18	17–15	14–12	11–0
Note:	1	2	3	4	5	6

Test 6 – zu den Kapiteln 28 bis 29

1. Bei dieser Übung sollst du den Text aufmerksam durchlesen.

2. drei Mal

3. Als Ritter mussten die Jungen, wenn sie erwachsen waren, nicht nur mit dem Schwert umgehen, sondern auch lesen und schreiben.

4. Lösungsvorschlag:
   Die Eltern dieser Kinder konnten den Unterricht nicht bezahlen.

5. Lösungsvorschlag:
   Die Kinder armer Eltern konnten bei Mönchen im Kloster in die Schule gehen. Dort wurden sie im Lesen, im Schreiben und in der Heilkunst unterrichtet.

6. Lösungsvorschlag:
   Der Buchdruck wurde erst 1450 erfunden. Die Klöster brauchten dringend Schreiber, weil alle Bücher bis dahin mit der Hand geschrieben wurden.

Punktzahl:	17–16	15–14	13–12	11–10	9–8	7–0
Note:	1	2	3	4	5	6

MANZ LERNHILFEN

Einfach besser in der Schule werden!

Mit dem notwendigen Grundwissen Schritt für Schritt zum Klassenziel!

ISBN 978-3-7863-3210-7

ISBN 978-3-7863-3211-4

- Alles auf einen Blick: Übersichtliche Lerneinheiten auf je einer Doppelseite
- Kleinschrittiges Vorgehen für besseres Verständnis
- Ausführliche Musterlösungen zum Heraustrennen
- Tests mit Notenschlüssel zur Selbstbewertung
- Gerade auch für schwächere Schüler geeignet

Einfach besser – die Lernhilfenreihe für Deutsch und Mathe in der Grundschule

---

Weitere Informationen über das MANZ Lernhilfen-Programm erhalten Sie in Ihrer Buchhandlung oder auf unserer Internetseite www.manz-verlag.de

MANZ LERNHILFEN

An die Aufsätze – fertig – los!

Mit Schritt-für-Schritt-Anleitungen zu besseren Aufsätzen!

ISBN 978-3-7863-1116-4

ISBN 978-3-7863-1117-1

- Bildergeschichte
- Reizwortgeschichte
- Erlebniserzählung
- Sachtext

- Brief
- Beschreibung
- Bericht
- Kreatives Schreiben

Mit Musterlösungen zu allen Übungen.

Weitere Informationen über das MANZ Lernhilfen-Programm erhalten Sie in Ihrer Buchhandlung oder auf unserer Internetseite www.manz-verlag.de

MANZ LERNHILFEN

MANZ – wenn's ernst wird!

Fit für den Übertritt ans Gymnasium!

DEUTSCH/MATHE 4. SCHULJAHR

Mein Ziel: Gymnasium
Fit für den Übertritt

MANZ LERNHILFEN

ISBN 978-3-7863-6123-7

- Kurze Übungen zu allen zentralen Themen aus dem Deutsch- und Matheunterricht
- Tipps zu wichtigen Regeln
- Ausführliche Lösungen mit Zwischenschritten
- Lösungsteil zum Heraustrennen
- Auch zum begleitenden Üben während des 4. Schuljahres geeignet

Mit diesem Buch gelingt der Übertritt ans Gymnasium spielend!

Weitere Informationen über das MANZ Lernhilfen-Programm erhalten Sie in Ihrer Buchhandlung oder auf unserer Internetseite www.manz-verlag.de